若き祖父と老いた孫の物語

東京・ストラスブール・マルセイユ

辻由美
tsuji yumi

新評論

目次

孫ピエール。2001年12月マルセイユの自宅で。88歳の祝い（米寿）を目前にして。

祖父ルイ（1851—1914）。とびっきりの秀才だった。日本の生徒から、鹿の目、シャカセンという二つのあだ名で呼ばれ、親しまれた。

祖父ルイの日本コレクションを秘蔵していたレマン湖の家。

第一章　白髪の孫が発見した若き祖父の日本──マルセイユ一九九七……3
第二章　五十三日の旅を終えて──東京一八七六……23
第三章　異国暮らし……51
第四章　お雇い外国人の仕事とバカンス……89
第五章　失われた故郷ストラスブールと埋れた日本の記憶……131
第六章　外国人の生活事情　瞥見……155
第七章　出会い……193
あとがき　229
参考文献　237

第一章　白髪の孫が発見した若き祖父の日本
――マルセイユ一九九七

ピエールが子ども時代バカンスをすごした家に飾られていた写真。これが日本で撮られたものであることを、まったく知らずにいた。東京のカモンサマ屋敷、祖父ルイは左から三番目

日本とストラスブールの記憶を秘蔵する家

百二十年ぶりの発見だった……。

明治の日本で暮らした祖父ルイ・クレットマンの膨大な日本コレクション、それは、ピエールが少年のころから慣れ親しんできた家にひっそりと眠っていた。だが、そのことを、八十歳に手がとどく年になるまで、まったく知らずにいた。

祖父ルイが、若いとき日本に行ったことを、ピエールは子どものころから漠然と知ってはいた。だが日本で何をしていたのか？

そうした話は、祖母からも、父や母からも、聞かされたことがなかった。自分のほうから質問をしたという記憶もない。

ピエールは自問する。この祖父の日本コレクションを、両親や親族のほかの人たちも知らずにいたのだろうか？　彼らが他界してしまった今となっては、解けない謎である。

ピエールが生まれたのは、第一次世界大戦が勃発した一九一四年の二月、祖父ルイは同じ年の十月に亡くなった。ピエールは祖父の顔を知らない。晩年、祖父が建てた家は、ピエールの子ども時代、夏のバカンスを過ごす別荘となっていた。フランス東部、スイスとの国境に近い美しいレマン湖のほとりにたつ家である。

かっ色の三角屋根と白い壁のしゃれた三階建ての家、まわりには艶やかな緑のすばらしい眺めがひろがっていた。敷地面積はといえば、現在の東京・日比谷公園ほどもある。そんな広々とした場所で、ピエールはきょうだいや親戚の子たちとともに、サッカーや馬とびをして、かけまわったものだった。

いまにして思えば、このレマン湖の家は、若い日の祖父ルイが暮らした日本の思い出がたしかに染み込んでいた。

サロンの欄間を飾っていたのは、三枚つづきの大きな日本画で、そこには、水鳥のあそぶ湖水がえがかれていた。食堂におかれていた二つの日本のサムライの鎧《よろい》は、「絶対にさわってはだめ!」と母親に言われていたせいかもしれないが、少年ピエールに強烈な印象をいだかせた。等身大の人形に着せられ、いまにも動きだしそうなその鎧は、ひどく恐ろしいものに見えたが、興味しんしんにもさせた。

だが、そうしたものも、ピエールにとってはレマン湖の家の風景の一要素にすぎず、日本という遠い異国に対する関心をよびおこすものではなかった。このレマン湖の家に、祖父の遺品がつまった場所があることを、知らないわけではなかった。そんな場所をのぞくことは、もちろん、子どものピエールには禁じられていた。

だが、この家が、明治のお雇い外国人だった祖父ルイの驚くべき記憶を秘蔵しているとは、夢にも思っていなかった。ましてや、若き祖父の日本が、将来、老境にある自分を、知の新しい冒険に駆りたてることになろうなど、どうして想像できただろうか?

フランス人ルイ・クレットマンは、明治九年(一八七六)、創立まもない士官学校の教師として日本にやってきた。このとき、まだ二十四歳の若者だった。

この青年ルイが明治の日本から持ち帰った大量の資料が、一九九〇年代になって、彼の孫にあたるピエール・クレットマンによって発見された。

明治の風景や建物や人びとをうつした写真が、五百三十五枚。ルイが国もとの両親や弟にあてて書いた手紙は、ぜんぶで七十三通にのぼり、その日記は二冊のノートにわたっている。

ほかにも、ありとあらゆるものが見つかっている。

ルイが住んでいた東京の家の略図、日本語の勉強のために自分でつくった単語帳、日本側とかわした契約書、浜離宮《はまりきゅう》や芝離宮でおこなわれた公式晩餐会のメニュー、ルイがフランス語で書いて日本語に翻訳された十九冊のテキスト、三度の日本国内旅行の出費をしるした書きつけ、当時の東京・大阪・京都・日光などなどの地図、徳川御三卿《ごさんきょう》のひとつ田安《たやす》家の所蔵品だった画集四冊をはじめとする日本の美術・工芸品の数々……。

そうしたものがそっくりそのまま保存されていたのだ。

お雇い外国人として明治の日本に滞在したひとりの若者のコレクションがこれほど完璧に保存されていたケースは、たぶんそう多くはないだろう。

これらの膨大な資料が、誰の目にもふれることなく、ふたつの世界大戦をくぐりぬけてひっそりと生きつづけてきたのだ。

発見者が孫ピエールだったのは、不思議な運命の糸のみちびきによるものだったのだろうか。ルイもその孫ピエールも、名声あるパリ理工科大学《エコール・ポリテクニーク》の出身、ふたりは先輩後輩のあいだがらでもあるのだ。

パリ理工科大学は、二百年の伝統を誇る、フランスの名門ちゅうの名門。フランス革命で誕生した若い共和国のリーダーを養成するために設立された大学だ。

毎年、七月十四日のパリ祭で、シャンゼリゼー大通りに展開される行進の花形は、この理工科大学の学生たちだ。ズボンに赤い線の入った黒の制服に身をつつみ、ナポレオンの帽子を想起させる二角帽をかぶり、白の手袋をはめた手に剣をたずさえて、彼らは行列の先頭にたつ。

ルイは理工科大学を出て、晩年、この大学の学長をつとめることになる。

ルイが生をうけたのは、一八五一年。それは、蒸気機関がヨーロッパとアメリカの風景を大きくかえようとしていた時代であった。

彼が生まれたばかりのとき、ヨーロッパから大西洋の彼方のアメリカに航行する船のほとんどは帆船であり、蒸気船は、帆船十隻《せき》にたいして、一隻程度だった。フランスでは、鉄道の長さは、馬車が走る道路の長さの十分の一ほどにすぎなかった。

だが、まもなく、蒸気船は帆船から海の覇者の座を奪い、汽車は馬車にかわって陸の主役になろうとしていた。ヨーロッパが産業社会にむけてダッシュをかけ、歴史がふいに加速されたかのように見えた時代、それがルイが生まれ育った十九世紀後半なのだ。

この波は日本にも押し寄せ、鎖国の夢を破ろうとしていた。アメリカ東インド艦隊司令長官ペリーが四隻の蒸気船をひきいて浦賀沖にあらわれるのは、嘉永六年、ルイが生まれてから二年した一八五三年のことである。

時代のこの大きなうねりのなかで、ルイの家族は、上昇しつつあった社会層に属する。代々彼の祖先は仕立師のような伝統的な職人だったが、父親の代にはじめて自前で壁紙の製造販売業をおこし、商業裁判所の判事という名誉ある肩書きをえた。そして、その息子ルイは、フランスの最高峰、理工科大学に進学することになる。

ルイは、神童という言葉がぴったりの子どもだった。小学校から高等学校まで、ありとあらゆる教科で優等賞をうけていた。数学や理科はもちろんのこと、ラテン語やギリシア語やフランス語でもトップだった。歴史については、高校のときフランス全土でおこなわれた試験で、最高点をとっている。

なんの問題もなく、すいすいとエリート・コースにのることが約束されているような少年時代をすごしたルイだったが、十九歳にして、人生の大きな試練に遭遇する。

というのも、彼が生まれ育ったのは、フランス東北部アルザス地方の中心地、ストラスブールだったからだ。この時代、この都市の住民はすべて、ひとつの悲劇的な運命を背負わなければならなかった。

ストラスブールは、現在は、とくに欧州議会がおかれた国際都市として有名だ。街の中心部から三キロほど東方に、広大なライン川が横たわり、川の向こう岸はもうドイツ。一八七〇年、独仏戦争（普仏戦争）が勃発したとき、当然ながら、プロイセン軍の攻撃にまっさきにさらされたのは、このストラスブールであった。

　このとき、ルイは、パリ理工科大学《エコール・ポリテクニーク》の入学試験を目前にひかえていた。試験の日、街には、迫りつつあるプロイセン軍の砲弾の音がすでに聞こえはじめていた。

四十九日におよぶ抵抗もむなしく、ストラスブールは投降し、ドイツの支配下に入る。その住民は、ドイツ人になるか、それともストラスブールを去るかの二者択一を迫られた。若いルイとその弟は、フランス国籍を維持することを選択して故郷をすて、ストラスブールを離れることができなかった父親と母親はドイツ国籍になった。

だが、ルイは生涯ストラスブールに対する愛着をすてることがなかった。心の底からストラスブール人であったがゆえに、敗北の結果としてドイツに割譲されたストラスブールに生きることはできなかったのだ。のちに、このルイの郷里は、独仏の和解を象徴する街となるのだが……

　孫ピエールは、レマン湖の家に眠るルイの膨大な滞日記録をみつけたとき、同時に、祖父ルイの失った故郷ストラスブールの記憶が、そこにしっかりと刻みこまれていることを知った。この家を建てるときに、祖父がストラスブールの土をトラック一杯はこんでこさせ、土台のところに埋めこんだという記録を発見したのだ。

ルイは、パリ理工科大学を卒業したのち、工兵学校に入った。この学校を卒業して一年後に日本にくる契約をかわし、契約成立から二か月して横浜にむけて旅立った。いってみれば、日本は、ルイにとって、自立した社会人としてのほとんど第一歩を刻んだ地だったのである。

日本でのルイの仕事は、設立まもない陸軍士官学校で、地図作成や築城術や数学や化学をおしえることだった。彼がフランス語で書いた学校の時間割りも見つかっている。

ルイは、アーネスト・サトウやチェンバレンのように、日本という国に対する興味が来日の動機になったわけではなく、仕事として日本にやってきた大勢のお雇い外国人のひとりだった。

けれど、彼はこの国を愛した。その手紙や日記から見えてくるのは、異文化のなかで、あらゆるものに興味しんしんの目と鋭い観察眼をむける若者の姿である。二年三か月という、さほど長くはない日本滞在だったが、彼の人生において、この若き日々の体験はずっしりとした重みをもつものだった。

ルイが日本で暮らした日々の記憶をどんなに大切にしていたかは、百二十年後に発見されることになる膨大なコレクションが物語るところである。

発見の軌跡

発見という語には、ある日、突如としておこるひらめきというイメージがある。だが、孫ピエールによる祖父ルイの日本の発見は、むしろ、いくつかの偶然が重なりあってひとつの情熱へと結晶してゆく過程であった。

最初にみつかったのは、祖父が日本で書いた手紙と日記だった。じつは、すでに一九七〇年代半ばに、ピエールはそれを入手していた。だが、読んでみようという気をまったくおこさなかった。

その手紙と日記は、いとこが祖母の遺品のなかに見つけて、ピエールのところに持ってきてくれたのだ。日記は二冊のノートに書かれていた。手紙のほうは封筒から出された状態で、日付順にきちんと重ねられていて、量がそうとう多いらしく、ぶあつい束だった。

パラパラっと繰ってみると、トウキョウだのエドだのといった文字が目に入り、日本からの手紙であることはすぐにわかった。だが、日本という言葉が、当時のピエールの好奇心をかきたてることはなかった。こまかい字でびっしりと埋められた手紙は、いかにも読みにくそうだったし、ビジネスマンとして多忙な日々をおくっていたこともあり、ざっとながめただけで、さっさと書斎にしまいこんだ。

祖父ルイの手紙と日記を孫ピエールが手にしたとき、それが書かれてから、すでに百年が経過していた。こうしてピエールの関心をひきつけることのないまま、さらに十五年あまりの歳月が流れることになる。

そんなふうにして放っておいたものに、にわかに興味をかきたてたのは、一九九二年のはじめ、アメリカに住んでいる孫娘アンヌ・ロールからきた便りだった。彼女が仕事で日本に行くことになったというのだ。

このとき、ピエールの頭にうかんだのは、明治の日本に行った祖父ルイのことだった。ふいに、祖父の書いたものをひもといてみる気になった。

動機は、ごく単純だった。彼女にとっては曾曾祖父《そうそうそふ》にあたる人物が、百年以上前の日本をはじめて見て、どんな思いでいたかを教えて、びっくりさせてやりたかったのだ。

アンヌ・ロールは生まれはフランスだが、育ちはアメリカ、アメリカの大学で国際関係論を学んだ。ある日、ボストンの新聞で、日本の外国語学校の「語学コンサルタント」募集の広告が目にとまった。日本のビジネスマンたちの英語のレベルアップを助ける仕事である。

彼女はさっそく応募した。面接にパスし、教育実習テストにもパスして、東京行きが決まった。日本航空、ＩＢＭといった大企業の研修生が彼女のおもな生徒で、海外赴任を前にした人も多かった。自己紹介や電話のかけ方といった基礎的なことから、より複雑な外国人との交渉の仕方やゴルフ場でのつきあい方にいたるまで、彼女の英語の授業は多岐にわたるものだった。

百二十年前の祖父ルイの手紙は、きちょうめんな美しい文字でつづられていたが、現代人にはけっして読みやすいものではなかった。ときには判読にてこずりながらも、一八七六年（明治九年）二月七日、五十三日の航海を終えたルイが、東京に無事到着したことを国もとの家族に知らせる第一報を印刷することができた。

だが、この作業を成し遂げたとき、祖父の手紙はピエールをとりこにしていた。読みはじめたら、もう面白くてやめられなくなってしまったのだ。そこで終わるはずだった解読作業を、そのままつづけてゆくことになった。

それまでピエールのイメージにあった日本は閉鎖的な国だった。だが、手紙から見えてくる祖父ルイは、東京の生活でも、日本国内の旅においても、どこでも気軽にあるきまわっている。住人との接触に困難を感じている様子はまったくなく、仕事でも日本人とうまくやっているようなのだ。

ピエールを驚かせたもうひとつのことは、手紙のなかで祖父ルイが自分の両親に対してじつにオープンでざっくばらんな物の言い方をしていることだった。孫ピエールのほうは、父親の前ではむしろかしこまっていた。祖父の時代のほうが、長幼の序がずっときびしかっただけに、若い日の祖父のそんな自由な態度に、ピエールはすっかり感服した。

そんなふうに、思いもよらない偶然のきっかけから、祖父ルイの手紙と日記の解読をはじめたのだったが、ほぼ同じ時期、もうひとつの偶然が、孫ピエールをもうひとつの発見へとみちびく。

祖父が一九一四年に他界してから誰も手をふれなかったレマン湖の家の書斎や棚や押し入れを、調査する必要がでてきたのだ。

この家は、祖父の死後、ピエールの両親が相続し、つぎに妹の所有となった。一九八八年、妹が亡くなると、その夫がひろい家にひとりのこされた。ピエールのほうも、その三年前に妻に先立たれ、六人の子どもたちはぜんぶ独立していて、ひとり暮らしをしていたので、ときどきレマン湖の家にでかけては、この義理の弟の相手をしていた。

あるとき、「この家の中にいったいなにがしまってあるのか、ぼくはぜんぜん知らない、いちど調べてくれないか」、義理の弟からそう頼まれた。

そんなわけで、ピエールによるレマン湖の家の探索がはじまった。彼自身そこに住んでいるわけではないうえに、なにしろ大きな家のこと、とても一挙に終えられるような作業ではなく、長丁場の調査となった。驚くべき忍耐力と一貫性をもって、ピエールは、書斎やサロンや居間からトイレにいたるまで、ひとつひとつの棚や押し入れをコツコツと丹念に調べていった。

そして、明治日本の写真や地図などの祖父ルイの膨大なコレクションがみつかるのだ。そのずっと前に祖母の遺品から出てきたルイの手紙と日記は、もともとは、これらのコレクションと一緒になっていたのだろう。祖父に先立たれた祖母が、おそらく夫の遺品のなかから、この手紙と日記だけを自分の手元においたのだろう。

手紙や日記と、ほかの滞日コレクションとは、そんなふうに離ればなれにされていたのだが、ピエールは、その両方を、別々のきっかけで、別々に発見した。このふたつの発見が、ほぼ同じ時期になされたのは、不思議な偶然のなせるわざとしか言いようがない。

そして、それはいつのまにか重なりあい、ひとつの情熱に発展していった。若い祖父が暮らした日本の探求が、八十路《やそじ》の孫の情熱となったのだ。

東京の写真

ピエール・クレットマンが住んでいるのは、祖父ルイの生地ストラスブールとは正反対の南フランス、地中海の港町マルセイユだ。フランス第二の都市である。

わたしがピエールとはじめて出会ったのは、一九九七年三月だった。このときパリに滞在していたのだが、マルセイユ在住の弁護士の取材をするという用事ができた。その折、あるフランス人中国研究者が、「マルセイユに行くのなら、ぜひ会ってきてほしい人がいる」と言って紹介してくれたのが、ピエールだった。

パリから高速列車で四時間半、七百六十キロあまりを南へ南へとくだって行き着くのが、マルセイユ。北の街パリからの旅人は、列車を降りたつと、ふいに太陽のまぶしさに驚かされる。

マルセイユ港は、紀元前六〇〇年ころ建設され、ギリシア・ローマ時代から海上交通の一大センターとして栄えてきた歴史の色彩ゆたかな港だ。船が海外への旅の主要な手段だった時代、アジアからヨーロッパへ、ヨーロッパからアジアへと行き来する旅人の通過点のひとつだったのが、このマルセイユである。

ピエールの祖父が、明治時代、横浜にむけて旅立ったのは、この港からだ。ほぼ同じ時代にドイツに留学した若き日の森鷗外、あるいは大正時代に洋行した作家島崎藤村、そうした人たちが長い航海ののちに踏んだヨーロッパの地も、マルセイユであった。

潮のにおい、港町特有の荒っぽさや威勢のよさ、陽気な住人とにぎやかなツーリストたち、そうしたものが入り交じって、この街独特の活気を生みだす。そんな中心街の喧騒から少し離れた静かな住宅街に、ピエールは住んでいる。

ピエールの書斎には、これまで探求しつづけた日本にかんする資料がぎっしりつまっている。

いっぽうの壁ぎわに並んでいるのは、コンピュータやフロッピーディスク、もういっぽうの壁をふさいでいるのは、赤・青・黄など色とりどりのカバーをつけたファイル、人名やジャンルごとに分類された書類や文献、さらにもういっぽうの壁ぎわに整理されているのは、ボールペンや鉛筆、ホッチキスやパンチや消しゴム、紙やカードや付箋《ふせん》などなど、ありとあらゆる文具類だ。

まるで研究生活ひとすじに生きてきた人の書斎である。だが、ピエールの人生ははるかに変化と起伏にとんだものであった。二十五年のあいだ士官として生き、第二次大戦のときはドイツ占領下にあったフランスを解放するための上陸作戦にもくわわった。つぎの二十年間、それはビジネスの世界での活躍の日々だった。ついで、人に推されて自分の住む町の町長選に出馬、当選して六年のあいだ町長としての重責をはたした。

そして、八十歳にして再びおとずれた人生の新しい冒険、それが、祖父ルイが生きた明治日本の探求だったのだ。それまでほとんど興味をもったことのなかったこの国の地名や人名は、はじめのうちはまったくチンプンカンプンだった。だが、それだけに、すべてが新鮮だった。

「おもしろいことを教えてあげましょうか」、ピエールの目がいたずらっぽく笑う。

祖父ルイが晩年建てたレマン湖の家の書斎には、東京にいたときの写真が三枚、額に入れられ飾られていた。そこには日本人の姿もうつっている。

その東京の写真は、ピエールが子どものときから、そこにあるのが当たり前のように、ごく自然に書斎の風景にとけこんでいた。たぶん、七十年間は見てきたろう。

「その写真のことを、祖母はベトナムで撮った写真だなんて言っていたんですよ」

だから、ピエールもそう信じこんでいた。ところが、レマン湖の家を調査していたとき、祖父が日本から持ち帰った五百三十五枚の写真がでてきて、そのなかに、書斎にかけてあるのと同じ写真がみつかったのだ。撮った場所もちゃんと記されていた。そこではじめて、それが東京の写真であることを知ったのだった。

「そのときルイはまだ独身でしたから、日本滞在は、妻とは共有しない思い出でした。書斎の壁には妻や子どもたちの写真を飾ってもよかったはずなのに、そうはせずに東京の写真にしたのです。若い日の日本での生活がどんなに深くルイの心に刻まれていたかは、それから四十年ちかい年月がすぎて建てた家に、そんなふうに日本の思い出がにじんでいることからもわかるでしょう」

ピエールは、もうひとつ面白いエピソードを聞かせてくれた。

このレマン湖の家のサロンを飾っていた日本画も、ピエールが子どものときから見慣れた絵だった。そこに描かれた提灯《ちょうちん》のうえに、見知らぬ文字で何かが書かれていた。その文字が気にかかったことは一度もなく、とくに意味があるものにも思えなかった。

だが、レマン湖の家の探索の過程で、はじめてその文字の意味が判明した。この家を見学にきた日本史学者フランシーヌ・エライユさんが教えてくれたのである。

日本画のうえに記されていたのは、カタカナで表記されたルイの名前、「クレットマン」だったのだ。

フランシーヌ・エライユさんは、平安時代に権勢をきわめた藤原道長《ふじわらのみちなが》の日記をフランス語に翻訳するという難業をなしとげた女性である。

彼女は、おそらくは、ルイが他界して以来、この文字を読んだ最初の人間だったのだろう。

ピエールは、祖父ルイの手紙や日記の解読作業をすすめながら、ルイがそのなかでふれている人物や事象について調べるために、母校のパリ理工科大学の図書館やフランス陸軍の史料館に足をはこび、日本人やフランス人のジャーナリストや研究者たちと連絡をとった。日本でルイと一緒だったフランス士官たちの子孫さがしの旅もくわだてた。

そして、少しずつ、日本に滞在していたころの祖父ルイの姿や、彼と交わった人たちの横顔が鮮明になってゆき、ルイが暮らした明治という時代がみえてきた。

「それは、一度も会ったことのない祖父という人間の発見、一度も行ったことのない日本という国の発見、そして自分が生きたことのない時代の発見でした」

ひとつひとつの言葉を確かめるように、ゆっくりと語るピエールの齢《よわい》をかさねた目の奥に、きらりとした光がただよう。マルセイユの春のやわらかな陽光が窓から差し込む午後であった。

第二章　五十三日の旅を終えて──東京一八七六

ルイが撮った明治九年の新橋駅。駅前に人力車が見える。

視界に入った九州南端

日本が見えるぞ！

船室でぐっすり眠りこんでいたルイだが、その声にはじけるようにとびおき、あわててデッキにかけのぼった。冬空のにぶい光の中にくっきりと浮かびあがっているのは、九州の南端、はじめて見る日本の地だ。

前日まで、デッキに立って視界に入るのは、ただ果てしなく広がる大海原であった。人間世界のいっさいのいとなみを無視するかのような、過酷なまでに単調な水平線。その空白の水平線に陸地があらわれるとき、それは船が人間世界とのきずなをふたたび取りもどす瞬間だ。

波と空ばかりを見つづけた旅人の目にとびこんでくる陸地のシルエットは、どれほど安堵と感動をあたえることか。それは、この長い航海においてルイが何度もあじわったことだった。だが、その感慨にも、今回は特別なものがあった。目の前に見えているのが、旅の終着点、日本だからである。五十日におよぶ航海がいよいよ終わろうとしていることを告げるものなのだ。昨日までの荒海も、いつのまにかおさまっていた。

右側には、人影のない島がぽつんとうかび、左側に見えているのが、海峡を通過する船乗りたちの道しるべとなる灯台だ。湾にうかぶ桜島は噴煙をふきあげ、上空に白い渦をかたちづくっている。その向こうは、かつての薩摩国《さつまのくに》、ほんの少し前まで強大な大名が支配していたところだ。薩摩は、日本で屈指の美しい陶磁器を生産するところだと、ルイは聞かされていた。

一八七六年（明治九年）二月四日、ルイ・クレットマン二十四歳を乗せたマンザレ号は、横浜をめざして航行していた。彼にとって、人生ではじめて体験する長旅であった。

フランス・マルセイユを発って、旅の途についたのは前年の十二月十六日。地中海を横断し、紅海をくだり、インド洋をつきぬけ、東シナ海をのぼり、三艘の船を乗り継いで、寄港と出港、出会いと別れをくり返しながら航海をつづけた。そして、ついに九州南端が水平線にうかびあがったのだ。

この最後の船マンザレ号が、横浜にむけて香港《ホンコン》を出たのは、四日前、一月三十一日朝のことだった。出航はすばらしい快晴にめぐまれ、海は静かだった。翌二月一日も好天で、最後までこうあってほしいと誰もが願っていたのだが、そのつぎの日から天候はくずれはじめた。風が吹き荒れ、冷たい雨がデッキをたたき、マンザレ号はひどく揺さぶられた。

「船上の生活術にもだいぶ習熟したつもりでいたのに、夕食に食べたものを全部もどしてしまいましたよ。でも翌日には回復。ぐうぐう寝ていましたが、日本が視界に入って目がさめたのです」

ルイは、国もとの父母や弟にあてた手紙にそう書いている。

実際、この航海のあいだルイはよく船酔いをした。といっても、それは彼だけではない。たいていの乗客は時化《しけ》のたびに船酔いしていたことが、彼の手紙からうかがえる。ルイの場合はむしろ軽いほうで、吐いて胃袋がからになると、いつも気分はすっきりするのだ。

それもそのはず、ルイの乗っていた船は千トンあまり、現代人には信じられないくらい小型だ。ちなみに、一九九〇年代になって登場した世界一周クルーズをおこなう客船飛鳥《あすか》は約二万八千七百トン。トン数の測り方は時代によって多少ちがうのでストレートに比較は出来ない。だが、当時はほんとうに小さな船で遠洋を航海したことはたしかだ。だから、どうしても海のご機嫌に翻弄されながらの旅となったのである。

もくもくと黒煙を吐く太い煙突、空にむかってそそり立つ帆柱《マスト》、マンザレ号は、そんな姿で海上を走る。蒸気で駆動されるが、帆による航行も可能だ。フランスから郵便物を世界じゅうに送りとどけるフランス郵船会社に属する船である。

当時、この香港・横浜の航路はまだ新しかった。極東の航路が横浜まで延長されて、フランス郵船の定期便がはじめて横浜港に入ったのは、その十年ほど前の一八六五年（慶応元年）。そしてマルセイユ・横浜が直通の航路となったのは、六年前の一八七〇年（明治三年）のことだった。

フランス郵船は、客船をも兼ねていた。けれど、遠い国に旅する人がほんのわずかだったこの時代、乗客の数にくらべて、乗員ばかりが多かった。ボイラーをたく大勢の火夫、船の防衛のために乗船している士官、さまざまな階級の船員、医師、料理人、給仕、食糧管理係……。ときには、二百人ほどの乗客に対して乗員が百七十人もいたりした。

ルイが横浜に向けて旅をしたのは、そうした時代であった。

船と港の人間模様

フランス・マルセイユを発つ最初の船で、ルイはしょっぱなから荒海にでくわした。地中海は、それまで知っていた澄んだブルーとは似ても似つかない、どす黒い色をしていた。大波が船をめがけてほとんど垂直に立ちあがり、デッキにしぶきを投げつけてくる。

乗船してまずルイの目にとまったのは、テーブルに張られた何本かのひもだった。船が揺れて、食事中に食器やビンがころげ落ちないようにするための止め枠で、バイオリンの名で呼ばれていた。ピンと張ったひもがバイオリンの弦を思わせるからだろう。

その船では、海が穏やかだと、乗客はひもすがらテーブルで時間をすごしていた。朝七時から紅茶とビスケットをたのしみ、九時半になると本格的な食事、十一時半には冷肉やフルーツのランチ、夕方五時にはディナーがはじまり、夜八時はティータイム、といった具合だ。しかも、どれも上質で味は満点だった。

だが、いったん海が荒れると、テーブルはがらあきになってしまう。船酔いでみんな船室にこもり、紅茶くらいしか喉をとおらなくなるのだ。あるときなど、ディナーのテーブルについたのは、船長もいれてたったの三人だった。ルイも、そのディナーの仲間入りはできなかった。

右を見ても左を見ても水平線だけがどこまでも広がる大海原、ルイはその雄大さに感嘆するといったタイプではなかったようだ。単調すぎる風景はむしろ退屈で、陸地が見えていないと面白くない。船が陸から遠ざかるにつれて、寡黙になってゆく彼の日記に、そんな気分が読みとれる。日によっては、ただ一言、「何もなし」、と書いている。

逆に、寄港のごとに異なる風物や人間模様は、ルイの好奇心をかきたててやまなかった。ショッピングも楽しみのひとつだった。実際、港に停泊してひと晩すごし、翌朝出航する船は、港町の商人にとって大切なお得意様だった。

ときには停泊中の船に物売りが乗り込んできた。とくに、にぎやかだったのは、セイロン（スリ－ランカ）に寄港したとき。宝石を売る者、象牙や木やべっこうの細工品を売る者、バナナやパイナップルや魚を売る者、そうした人たちでデッキはあふれかえっていた。道具持参の理髪師まできていた。

他の乗客にまじって、ルイも宝石類を物色した。どれも本物ではなさそうだったが、とてもきれいなので、ひとにぎりほど母親のために買った。

船舶が横づけできるような波止場がまだ少なかった時代、たいていの港では、船は泊まり地に錨をおろし、そこから小舟《はしけ》が乗客や貨物を岸まではこんでいた。それは港町の重要なビジネスで、競争もはげしく、客の奪い合いは熾烈なものであった

最初の寄港地ナポリで、ルイはその初体験をした。船が停止するやいなや、たくさんの

ボートが横づけになり、運搬人たちが船内にドォーッとなだれこんできた。さかんに身振りをし、大声で叫びながら客ひきをする彼らの手で、小さなボートにぎゅうぎゅう詰めにされて、岸まではこばれたのだった。

その後、アレクサンドリア、シンガポール、香港など、どこの港でも同様の光景が見られた。香港では、日本人乗客のひとりが、客ひきを撃退しようとステッキを振りまわしている情景がルイの目に入った。応戦むなしく、この日本人はたちまちのうちにボートにひきずりこまれてしまった。

のちに、日本の港でも事情は似てくるようだ。ルイより六年あとの明治十五年（一八八二）、日本をおとずれたフランス人旅行者レイモン・ド・ダルマスの手記に、そのことが書いてある。横浜港に投錨するなり、船内に殺到したのは、子どもから老人にいたるまでの大勢の運搬人たちだったという。

いちばん珍しいものを見せてくれたのは、アラビア半島の港アデンだった。ルイの船に近づいてきたのは、丸太をくりぬいたカヌーにのった十五、六歳の少年たちだった。青や黄色の腕輪をして、皮ひもに琥珀《こはく》の石をつるしたペンダントを首にかけていた。

少年たちはデッキの乗客にむかって、「海に！、海に！」と叫ぶ。なんのことかと思ったが、まもなく、海にコインを投げてくれ、という意味であることがわかった。乗客がデッキからコインをほうり投げると、少年たちはいっせいに海にとびこみ、水中でしなやかに身をくねらせ、コインが海底に沈まないうちにとらえてしまう。人間わざとは思えないその潜水の妙技に、見物人は拍手喝采していた。海で芸を見せてお金を稼ぐ少年たちだったのである。

この潜水名人のわざは、アデン港の名物だったらしく、このことは、シーボルトの旅行記にも書かれている。鎖国時代にオランダ商館の医師として長崎に滞在したシーボルトが、幕末、息子とともにふたたび来日したときの旅行記で、息子のアレクサンダー・フォン・シーボルトの手でつづられたものだ。このとき十二歳の少年だった彼も、このアデンの潜水夫の芸を驚嘆しながら眺めたのであった。

ルイの手紙には、船で出会った日本人についても書かれている。

香港のふたつ手前の寄港地シンガポールでのことだった。夜十一時ころ、ほろ酔いかげんでにぎやかに乗り込んできた五、六人の日本人に、ルイはたたきおこされた。自分たちの船室がどこかわからないという。この日本の乗客は英語は話すがフランス語はまるっきりで、フランスの船員とのやりとりができず、英語のわかるルイが彼らの通訳をつとめるはめになったのだ。

翌日、デッキにでると、そこは動物園さながら、インコだのサルだのオウムだのヒクイ鳥だのが、カゴの中でやかましい鳴き声を発していた。くだんの日本の男たちがオーストラリアからはこび込んできたものだった。

横浜到着直前の災難

ルイを乗せたマンザレ号は、いまや、日本の海岸線を左に見ながら北上しつづけている。天気はすっかり回復し、静かな波立ちの青い海原がひろがっていた。香港を出てから波しぶきの侵入を防ぐためにずっと閉鎖されていた舷窓が、はじめて開け放しにされた。白い雪をいただく山々の稜線は、ときには近づきときには遠ざかり、セイロンやシンガポールとはまったく趣のちがう風景をくりひろげる。四国沖を通過し、やがて紀伊水道が見えてきた。夕方、マンザレ号は、紀伊半島の突端にうかぶ島をまわった。起伏が多く、冬とはいえ緑が美しい。

いよいよあすだ、旅の終着点、横浜に着くのは。ほんとうに長い航海だった。

当時、フランス・マルセイユから横浜までの旅で、海が荒れることでもっとも恐れられていたのは、香港・横浜の航路であった。その二年前の一八七四年（明治七年）三月二十一日、伊豆半島沖でおきたフランス郵船ニール号の沈没はまだ記憶に新しかった。この船に乗船していた日本人はたったひとり、織物の技術修得のため一年あまりフランスに滞在して帰国の途にあった吉田忠七だが、彼もまた犠牲者になった。

当時の新聞をひもとくと、この遭難には不明な点がそうとう多かったことがわかる。救助された四人の証言以外の情報源はほとんどなく、犠牲者の数さえはっきりしていない。明治七年三月二十八日付の『東京日日新聞』によれば、犠牲者は乗員乗客あわせて百四十六人。だが、その五日後の『郵便報知新聞』は、犠牲者はぜんぶで九十人と報じている。いずれにせよ日本の新聞は、遭難の経緯についてはふれていないが、横浜発行の『ザ・ジャパン・ウィークリー・メール』と、上海《シャンハイ》発行の『ザ・ノース・チャイナ・ヘラルド』に、かなり詳しい記事をみつけることができた。

ニール号は明治七年三月十三日、横浜にむけて香港を出航。三月二十日、南西の強風が吹き荒れ、激しい雨が降っていた。深夜、伊豆半島沖、石廊崎《いろうざき》の灯台の明かりは、濃霧にさえぎられて、船までとどかない。

太平洋につきだす伊豆半島南端の石廊崎は、西側の駿河湾《するがわん》と東側の相模灘《さがみなだ》とを分けており、その周辺には波食で生じた無数の岩礁がよこたわっている。ここで、ニール号は航路とは逆の駿河湾の方向に入りこみ、ピストンの故障のため操縦不能になり、三ツ石岬の暗礁に衝突して大破し、沈没した。

ルイの乗っているマンザレ号は、二年前に沈没したこのニール号と大きさは同じくらいで、型も似ている。そんな船で日本沿岸にそって航行していると、この遭難のことがふと頭をかすめる。

だが、そうした思いを打ち消すかのように、マンザレ号はスクリューの規則正しいリズムを刻みながら、穏やかな海面を着実に進んでいた。

横浜航路も評判ほど怖いものじゃない、誰もがそう思いはじめていた。

このさきに、ひとつの災難が待ちうけているとは想像さえできなかった。実際、横浜到着を目前にひかえた旅の最終日こそ、ルイの五十三日間の航海の最悪の日となるのだ。

夕食を終えて、乗客仲間とともに、最後の夜のデッキを満喫していた。あすの夕食時はもう横浜だろうか、そんな思いをめぐらせていた。十一時をまわったころだろうか、いきなりザーッと降りはじめた大粒の雨が、あすにひかえた到着にふくらむ想像を中断させた。

しかたなく、デッキを降りて船室にもどり、ベッドにもぐりこんだ。

ドォーンドォーン、ものすごい音と激しい横ゆれが、ルイを夢の世界から引きずり出したのは、午前二時ころであった。棚の上の化粧水のビンが、ボトンボトンとかたっぱしから床に落ちてくる。隣の船室では、ガチャンとコップの割れる音や、ドタンバタンとイスやテーブルのひっくりかえる音がしている。ひどい嵐だ、ルイはガバッとおきあがった。見ると船室ははやくも水びたしだ。

ころげそうになりながら船室をでると、サロンにはすでに十センチくらい水がたまっていた。大波のしぶきはデッキを越え、閉鎖されているはずの昇降口から船内に浸入し、閉まっている舷窓からも海水がもれ入ってくる。水夫たちが海水を除去しようと必死で動きまわっている。

ゴーゴーという風と波の音、バリバリメリメリと船体がきしむ音。サロンにたまった水はボコンボコンと音をたて、調理場の皿がガラガラとくずれ落ちる。船ぜんたいがおそろしい喧騒につつまれ、そのなかで乗客たちが声をふりしぼって叫びあっている。

地中海を航行していたときにも、嵐に遭遇したことがあった。イスはころがり、皿は割れ、水の入った樽はひっくり返り、荷降ろし用のボードははずれて、船内は大混乱だった。

だが、横浜をつい目と鼻の先にして遭遇した今回の暴風にくらべると、いまや、それもそよ風くらいにしか思えない。

「船体が持ちこたえられないのではないかと怖くなったのは、あとにもさきにもこのときだけです」、のちにルイは手紙でそう打ち明けるのだ。

不思議なことに、時化《しけ》のたびに船酔いしていた彼が、このときばかりはまったく船酔いをしていない。よほど緊張していたのだろう。さんざん聞かされていた香港・横浜航路の悪評が、ついに本当になってしまったのだ。

このマンザレ号は、それから八年たった明治十七年（一八八四）、将来日本文学をになうことになる青年を乗せる。洋行する若き日の文豪、森鷗外である。漢文で書かれた鷗外の『航西日記』は、この船旅の記録だ（鷗外は船名を縣楂勒《メンザレエ》と表記している）。この日記には、彼と同行する九人の留学生の名がしるされており、そのなかに、法律学者の宮崎道三郎や、物理学者の田中正平の名がみえる。

鷗外もまた暴風に遭遇することになる。しかもルイの場合とほぼ同じ海域で。出航は、八月二十四日午前九時、翌日の日記に、「風波大起」としるされている。中井義幸著『鷗外留学始末』によれば、それは台風だったという。

よほどの嵐だったらしく、鷗外は、終日、船室にふせったままで、食事も喉をとおらず、からの胃袋にわずかに酒をそそぐのみだった。つぎの日のお昼になって、風はやっとおさまるのだ。

フランス青年ルイは、創立まもない陸軍士官学校の教師として日本にまねかれたのだったが、その八年後、軍医だった二十二歳の鷗外が、衛生学の研究と陸軍医療事情の調査のためドイツ留学を命じられ、同じ船で横浜を発ち、そしてほぼ同じ海域で嵐にみまわれる。それはただの偶然の一致にはちがいないのだが、時代の流れを端的に表現している。というのも、のちほどふれるように、日本陸軍がフランスの影響下にあったのは明治前期のごく短いあいだで、その後、急速にドイツ化の道をたどるからだ。

暴風は一日じゅう吹き荒れ、ルイは、ベッドから投げ出されないように、しっかりとしがみつきながら、身を横たえているしかなかった。

ふと気づくと、室内で用を足すのに使う便器と、飲み水の容器とが、両方ともからっぽでころがっている。どう入りこんだのか、櫛《くし》が、便器を入れる箱の中におさまりかえっているではないか。船室は、何もかもがめちゃめちゃになっていたのだ。

夕方になると、嵐はいくぶん静まった。一日じゅう何も口にしなかったので、さすがに空腹をおぼえ、ベッドをぬけだして、食事をとりにいった。

ついでに外の様子が見たくなってデッキにのぼると、いたるところにロープがはりめぐらされている。それは歩行を助けるもので、激しい揺れのなかでは、ロープにつかまらなければ、一歩もすすめないどころか、海にほうり出されてしまいかねないのだ。

マンザレ号は夜十一時ころ横浜に着く予定だったのが、暴風で押し戻されてしまい、到着は深夜になるだろうと聞かされた。

船はなおも揺れつづけていたが、気分転換のため、ルイは乗員の士官たちとともにドミノをやった。札《ふだ》がごちゃごちゃにならないように片手でおさえ、もういっぽうの手にはローソクという窮屈な姿勢でのゲームだったが、おかげで嵐を忘れることができた。

夜十時ころ、ようやく波の静かな海域に入る。いよいよ到着だというので、いつもながら、船内はにわかにあわただしくなった。

午前零時半、マンザレ号は横浜の海岸から一キロほどのところに錨をおろす。ズドーン、到着を告げる空砲がなりひびく。身ぶるいするほどの喜びが、ルイの全身をつきぬけた。五十三日の航海についに終止符が打たれたのだった。

だが、この高ぶった気持に、まもなく水がかけられることになる。錨地から岸まで乗客をはこんでくれる小舟《はしけ》がいっこうに姿をあらわさないのだ。ルイははやる気持を抑えながら待った。小一時間して、ちらほら舟がやってきて、船内で親交をむすんだ人たちをのせていった。だが、ルイの迎えはこない。

この時代、横浜港の泊まり地の外国船上で、じれじれしながら、岸までつれていってくれる小舟を待ちわびたのは、ルイひとりではなかったようだ。同じ明治九年、ルイより四か月後の六月七日朝、横浜港に到着したドイツの医者ベルツも同じ焦燥をあじわうことになる。

ベルツはルイより少し年上で二十七歳、東京医学校の教師として来日したのだったが、二か月の航海をしてはるばる横浜まで来たというのに、迎えの舟がいつまでたってもやってこなくて、いかに落胆したかを、国もとへの手紙に書いている。

ルイは、結局、午前二時まで待っていたが、誰もきてくれず、がっかりして船室のベッドに倒れこんだ。数時間前までつづいていた荒海でたまっていた疲れがどっとでて、枕に頭がつくなり寝入ってしまった。

日本の地を踏む

船室のドアをノックする音に、ルイは目を覚ました。あたりはすでに明るくなっていた。一夜あけて、ようやく迎えがきたのである。

だが、やってきたのが上官たちであることを知って、ルイは少なからずおどろいた。彼がこれから教鞭をとる東京の士官学校で、なにかとお世話になるヴィエイヤール大尉とオルセル大尉だった。

上官が部下のためにわざわざ東京から横浜まで汽車に乗り、小舟《はしけ》をチャーターして、錨地に停泊しているマンザレ号まで迎えにきてくれたのだ。上下の秩序がきわめて厳格だった時代である。もし自国にとどまっていたとすれば、若いルイがけっして体験することのなかったことだろう。

自分たちの社会から切り離されて遠い異国にきてしまうと、同国人どうしの人間関係にも変更がくわえられるものなのだ。

ふたりの上官は、ルイを迎えるため、じつは前日から横浜にきていた。悪天候で船の到着が遅れていたため、東京には戻らず、そのまま横浜で一泊したのだが、深夜に船が着いたことは知らずにいたのだった。

ルイは、大急ぎで荷物をまとめて船室を出た。上官に伴われて小舟に乗り込むとき、ひとりの日本人がくわわった。フランス語の通訳、これからの仕事に欠かせない存在である。小舟は、十分ほどで、横浜の波止場に着いた。明治九年二月七日朝のことだった。

ルイは、初対面の人をいつもびっくりさせた。身長一九二センチという、この時代の人びとにとっては、とてつもなく長身だったからだ。上官たちは、もちろん、このことを書類で知っていたが、はじめて見たときは、やはり目を見張った。

直接の上官ヴィエイヤール工兵大尉は、じつは彼のこの並外れた長身を少しばかり心配していた。日本の家屋は、ドアの高さがせいぜい一七五センチから一八〇センチほど、少し上背のある西洋人なら、身をかがめなければ入れないというのに、こんな巨体ではたして日本の生活に馴染めるだろうか。

ヴィエイヤール大尉は、三年ほど日本に滞在して、帰国を目前にひかえており、その後がまがルイだった。名門のパリ理工科大学を出てから工兵学校に入り、この学校を首席で卒業したルイは、願ってもない後継者だ。言ってみれば、彼の長身は唯一の不安材料だったわけである。

だが、東京での生活で、ルイがとくに不便を感じたという形跡はない。ただ、その体躯がいたるところで目を引いたことは、まちがいない。彼は、オオキイという日本語をすぐにおぼえた。道ゆく人びとが発していた驚嘆の言葉だったのだろう。

ルイが卒業したパリ理工科大学《エコール・ポリテクニーク》の図書館には、むかしの卒業生の個人データが保存されている。入学時・卒業時の席次や在学中の成績はもちろんのこと、身体的特徴という項目もあり、そこに、身長だけでなく、目や髪の色だの、顔の形だのがしるされている。それによれば、ルイは、髪はブロンド、目はブルーで、鼻はわし鼻、顎はまるく、顔は卵型だった。

このデータを提供してくれたのは、前章で登場したルイの孫にあたるピエールだが、まるで指名手配の人相書きを思わせるような詳細さに、わたしはびっくりした。身分証明用の写真というものが存在しなかった時代の余韻なのかもしれない。そうした記述がいつの時代まであったのか知りたくなり、パリ理工科大学の図書館に手紙で問い合わせたところ、資料課主任の女性から返事をいただいた。学生の書類に身体的特徴の記述がなくなるのは一九七三年からだという。

「横浜は整然とした清潔な街だが、美しさの点では香港《ホンコン》の比ではない」、当時の横浜の最初の印象をルイはそう日記にしるしている。

じつのところ、波止場に足を踏みいれたとたん、いろんな用件がいっきょにできて、すべてがばたばたとはこび、横浜見物どころではなかった。

ルイは、明治新政府の招きで、フランス軍事顧問団のメンバーとして来日した。顧問団の本部は、皇居西側のお濠《ほり》にちかい旧井伊掃部頭《いいかもんのかみ》邸（いまの最高裁判所あたり）におかれている。ルイが教鞭をとる士官学校も東京にある。だから、これからの彼の生活の場となるのは、東京だ。

だが、当時の東京は、外国人にとってはけっして便利な街ではなかった。外国の銀行や運送会社や郵便局などのほとんどが横浜に集中していたからだ。東京に住む外国人はなにかにつけて横浜まででかけていったものだ。横浜には、外国人用のホテルやレストランや商店もそろっていて、彼らにとって遊べる街でもあった。

そんなわけで、到着したばかりのルイは、これからの生活の本拠地となる東京にむかう前に、まず横浜で、各方面のフランス人と顔合わせをしておかなければならなかった。

横浜は、当時もっとも多くの外国人が住んでいた街でもある。外国人に対して開かれていた港や都市は、長崎、横浜、函館、神戸、大阪、東京（築地）、新潟の七つだった。明治十年（一八七七）の統計では、これらの都市の外国人居留地に住む欧米人は、あわせて二四九二人、その半数をこえる一三五九人が横浜在住者だったのだ。

ルイの日本滞在ちゅうの手紙や日記を読むと、仕事がない日はたいてい横浜にでかけていたことがわかる。東京での生活のエピソードには、出入りの商人や、近所の住人や、仕事で接する人たちの話などもあって、日本人との交わりがみえてくる。だが、横浜の日本人についてはほとんど書いていない。おそらく、この街にくると、外国人社会という小宇宙に入りこんでしまうのだろう。

この時代、イギリス人やフランス人が横浜で発行していた新聞には、外国人どうしが情報交換しあうタウン紙のような面がある。

外国人は自分で勝手に住居を選べたわけではなく、居留地という限られた区域内に住むことが義務づけられていたので、あちこちからやってきた国籍も出身もまちまちの人たちが、日本という異国で、必然的にある種のまとまりをもつ社会集団を形成することになる。そんな社会の様子をかいまみさせてくれるのが、これら英語やフランス語の新聞だ。

こうした新聞で、まっさきに目につくのは、広告のにぎやかさ。ルイが日本滞在ちゅう定期購読することになるフランス語の新聞『レコ・デュ・ジャポン』（日本のこだま）をのぞいてみよう。広告は、紙面の約六割もしめている。ホテルやレストラン、パンやワインを売る店、薬局や洋服店、教会や医者や競売人、ほんとうにいろんな広告がある。フランス語の個人レッスンします、フランス語の小説貸します、といったものも目にとまる。

だが、もっとも重要だったのは、やはり船の入港・出港についての情報だろう。その日その日に、どんな船が入り、どんな船が出ていったか、そして、どんな人たちが横浜に降り立ったか、当時の新聞はそうしたことを教えてくれるのだ。

わたしは、このフランス語の新聞の一八七六年(明治九年)二月八日付のものをさがしてみた。その前日に横浜港に到着したルイの名が載っているはずだとおもったからだ。残念ながら、その期間の号はまるまる欠けていて、横浜開港資料館にも、国立国会図書館にも、パリのフランス国立図書館にも保存されていなかった。

そのかわり、この日付の英字新聞『ザ・ジャパン・ガゼット』に、ルイの名前をみつけることができた。この日、新しく入港した外国船は、ルイの乗ってきたマンザレ号のみだったこともわかった。

同じ新聞で、この日の天気についても知ることができた。ルイが到着した朝、横浜は雨、北西の風が吹き、午前九時の気温はマイナス〇・五度であった。

浜離宮《はまりきゅう》の晩餐会

到着そうそう、あわただしい一日になろうとしていた。

ルイは、横浜でフランスの運送業者や銀行の代表と顔合わせをし、親戚にあたる医者の家族とも会った。フランス郵船横浜支社のコニルが、ルイを上官たちとともに昼食に招待してくれた。

昼食をとっていると、一通の書きつけが届いた。東京にいるフランス軍事顧問団長ミュニエからだった。今夜、山県有朋《やまがたありとも》陸軍卿が、ルイの到着祝いもかねて、顧問団のメンバーのために晩餐会をひらくことになっている。できるだけはやく横浜をひきあげてほしい。そうしるされていた。

その四年前、横浜と、東京の新橋とのあいだに鉄道が開通していた。ルイは、横浜駅を午後三時に発つ汽車に乗った。新橋駅まで五十五分かかり、料金は一円だった。

新橋からは人力車。東京はまだあちこち雪が残っていて、雪どけ水で道はひどいぬかるみだったが、車夫は、そんなことをものともせず、軽快に走った。

ルイのために、日本側が東京番町のイギリス公使館の近くに家を新築してくれることになっていたが、その家ができあがるまで、フランス軍事顧問団の教師館としてつかわれている旧井伊掃部頭《いいかもんのかみ》邸に仮住まいすることになった。フランスの士官たちは、この井伊邸を「カモンサマ屋敷」の名でよんでおり、その多くが、ここを宿舎としていた。

ルイは、とりあえずカモンサマ屋敷で旅装をとく。だが、屋敷内をひとまわりすると、ほとんど休む間もなく礼服に着がえ、他の士官たちとともに晩餐会場の浜離宮にむかう。新橋駅のすぐ近くなので、人力車で、さきほど来たばかりの道をまた逆もどりするのだ。

浜離宮は、かつては徳川将軍家の別邸だったのが、明治新政府の手で改装され、外国貴賓の接待場としてつかわれていた。だが、この晩餐会場は、ルイの目にはあまり趣味のよいものにはうつらなかった。「日本のちいさな宝石と西洋の安っぽい金ぴかとのミックス」、そんな批評が彼の日記にしるされている。

フランスふうの飾りひものある上着に赤いズボンをつけ、紅白の羽でかざられたドイツふうの軍帽をかぶった衛兵たちが音楽を演奏するなか、晩餐会がはじまる。供されたのはフランス料理だった。

浜離宮でおこなわれた、この山県有朋《やまがたありとも》主催の晩餐会のメニューを、ルイはストラスブールの両親のもとに送った。そのあとも晩餐会に招待されるたびに、ルイはそのメニューを国もとに送っていた。ぜんぶで四回の公式晩餐会のメニューが、彼の日本滞在のほかの資料とともに、孫ピエールの手で発見された。

他の三つも、出された料理は、最初の晩餐会とあまりかわらない。いかにも時代を物語るメニューなので、紹介しておこう。

最初はポーチド・エッグをうかせたスープ、そして、スープの後皿《あとざら》は魚のシャンボール風。つぎは、前菜が二品、トリ肉のミラノ風とナマコ入りパイ。つづいて、間皿《あいざら》が二品、キノコを添えた牛ヒレ肉とコショウ・ソースであえたシカ肉。さらに、野菜料理が二品、カリフラワーのバターあえとエンドウマメのフランス風。

それが終わって、いよいよ出るのが、肉のロースト二品、マトンの腿肉《ももにく》と狩猟鳥ジシギ。つぎにサラダが出され、それにつづいてスイートとして、ババロア、プリン、デコレーション・ケーキ二種類。さらに、菓子類・チーズ、フルーツとつづき、最後をしめくくるのは、デザート盛合せ。

ぜんぶで十六品、現代人には想像できないほどのボリュームだが、この時代の公式晩餐会のメニューとしては、ごくあたり前の品数だ。

フランス料理も時代とともに変遷をとげてきた。現在なら、ふつうのディナーパーティだと、つまみつきの食前酒を別にすれば、前菜、メイン料理、サラダ、チーズ、デザートなど、せいぜい五品くらいだ。よほどの大宴会でも、前菜二品、魚料理と肉料理、サラダ、チーズ、デザート、といったふうで、七品か八品ほどである。

だが、十九世紀は、かつて貴族の専有物だった食道楽がフランス革命によって中産階級《ブルジョア》に普及し、美食の黄金時代とさえ呼ばれた時代だった。世界的名声をもつフランスの思想家ジャン＝ポール・アロンの書いた『食べるフランス史——十九世紀の貴族と庶民の食卓』には、この時代のメニューが紹介されている。これと比較してみると、この山県有朋主催の晩餐会はほぼ当時のフランスの習慣を踏襲していたことがわかる。

招待されたフランス人士官は十六人、これに日本人士官もくわわって、にぎやかな晩餐会は、夜おそくまでつづいた。

到着したばかりで、旅の疲れも癒えないうちに、たくさんの人たちと出会い、じつに忙しかった日本滞在の第一日めは、そんなふうにして、ようやく終わった。

翌朝ルイが早速したためた、無事到着を両親や弟に知らせる日本からの第一報は、船の生活からやっと解放された安堵感がにじんでいて、いかにも嬉しげだ。

「この大ニッポンの首都に、ぼくは完璧な体調で着いたのですから、それで満足していないと言えば、ぜいたくすぎるでしょう。

じつに快適な夜をすごし、いま優雅な部屋のなかで手紙を書いているんですよ！ぶあついワラのカーペット（タタミ）が敷かれていて、竹製のイスがあって、鉄のストーブが燃えている素敵な部屋で……」

第三章　異国暮らし

Tokio … mars 1877

Chers parents et cher frère

家族への手紙を、ルイはフランス船の横浜出航の一週間くらい前から書きはじめ、便せんをびっしり埋めつくしたものだった。百二十年後、孫ピエールがその解読に奮戦する。

東京の街の珍事珍物

明治の東京は、お雇い外国人ルイ・クレットマンには文字通りの別天地。目にするもの耳にするものが何もかも珍しい、そんな様子が、彼の手紙や日記にほのみえている。

街をあるくと、よく凧《たこ》があがっているのを見かけた。四角い形のものや化け物の顔をデザインしたもの、さまざまな意匠をこらした凧が冬空を舞っていた。なかでも、ヒューヒューと不思議な音楽を奏でながら空をおよぐ凧が、ルイの目を引いた。風に吹かれると音を発する仕かけがとりつけられているのだ。

道ゆく男たちは、袖のたっぷりした長いガウンのような服を着て、腰のところに帯をしめ、そこにタバコ入れやキセルをぶらさげている。風で裾《すそ》が舞いあがるたびに、ズボンもソックスもつけていない腰から下が、ほとんどまるみえになる。

ももひきを着けた人夫ふうの男たちもいるが、彼らのほうも、いちばん気になる部分はたいていあけっぱなしだ。いずれにせよ、男たちは、下半身が人目にふれることに頓着していないようだった。

女たちはずっと慎ましげにみえた。冬のせいかもしれないが、きちんとした身なりで、きれいに髪をゆい、サンゴや塗物のかんざしをさしたり、造花をつけたりしている。少し裕福そうな女たちは、顔や首にしっかり白粉《おしろい》をぬっている。

汲み取りの風景を見た。糞尿の桶をてんびん棒につるして運ぶ人たちの列が、道につづいていた。彼は日記にこうしるしている。

「日本人はヨーロッパ人の排泄物に偏見をもっている。日本人は無料で汲み取りをしてもらっているのに、われわれの排泄物は熱をもちすぎていて畑の肥料にならないということで、お金を払わされている」

日本のネコは、物珍しいもののひとつだった。東京のネコには尻尾《しっぽ》がないと、ルイは両親や弟への手紙に書いている。尻尾がないといっても、本当にないわけではなく、尾が極端に短くて、つけ根のところまでしかない、という意味だが。

「尻尾のないネコ」は、当時、日本をおとずれる外国人の好奇の対象となったようだ。ルイの三年前に来日し、のちに高名な日本研究者となるイギリス人チェンバレンの『日本事物誌』にも、同じ指摘がある。

じつは、当初、このネコの話は、わたしには半信半疑だった。いま日本で見るネコの多くは長い尻尾をもっているからだ。この謎を解いてくれたのは、図書館で偶然みつけた平岩米吉著『猫の歴史と奇話』だった。著者は明治生まれ、独学で動物学や国文学や心理学などを学び、日本における動物文学会を創立した人物である。

この本によれば、江戸末期の浮世絵に見るネコの大半は尻尾が極端に短いという。こうしたネコの出現は江戸中期以降のことで、骨の突然変異によるものだが、短い尾は長い尾に対して優性遺伝なので、どんどん増えていった。尾の短いネコが多数派になると、長い尾は気味の悪いものにみえ、ちょんぎってしまう習慣までできたという。

人力車は、横浜税関を出たとき、ルイがまっさきに目にした日本の風物だったが、大きな車輪つきのソファーのようなこの乗り物はいたるところで走っていた。

二月の寒空に、車夫たちはびっくりするほど軽装だった。頭には青い布をねじって巻きつけているだけ、素足で、前をはだけている。雨が降ると、ワラでできた直径八十センチはあろうかと思われる大きな円錐形の帽子をかぶり、植物の繊維で編んだマントをつける。温かそうな格好にはとてもみえなかった。

まもなく、ルイは、東京での生活には人力車が欠かせないものであることを知る。交通手段として、彼はおもに馬を使うことになるのだが、雨が降って道がぬかるみになると、馬は足をとられて容易にすすめず、そんなとき頼りになるのが人力車なのだ。馬が難儀するようなところでも、車夫なら走れるのである。

実際、当時の東京の道の悪さは、西洋人を閉口させたことのひとつだった。メインの大通りを別にすれば、大雨が二、三時間も降りつづくと、道はたちまち泥だらけになって、あるくのさえ大変になる。快晴の日はといえば、こんどは地面がからからに乾いて、土ぼこりが舞いあがる。だが、東京の住民たちは、そんなことがいっこうに苦にならないような風情で、すずしい顔をしてあるいている。

ヨーロッパでは古くから馬車が発達しており、馬車道として道路が整備されてきた。一八五〇年、ルイが生まれる一年前、フランス全土をむすぶ馬車道は約三万キロに達していた。明治の日本をおとずれた外国人が道の悪さを嘆いたわけである。

ルイの到着した明治九年二月、東京のどろんこ道は常にもましてひどいものだった。一月の末に記録的な大雪にみまわれ、まだあちこちに雪がのこっていたからだ。

横浜発行のフランス語の新聞『日本のこだま《レコ・デュ・ジャポン》』によれば、四十年ぶりの大雪だったという。積雪は、東京で五十センチ、横浜で四十センチに達し、風で雪が吹きよせられたところでは、一メートル近くも積もっていた。当時の新聞はこぞってこの大雪を報じている。『東京日日新聞』によれば、東京は純白の雪におおいつくされて、人通りがすっかり絶えてしまったところもあり、いつもは賑やかな銀座街も通行人の姿はまれだったという。『横浜毎日新聞』は、冬枯れで客足が遠のいていた人力車に、大雪がおもわぬ繁盛をもたらし、ふだんの二、三倍の車代がふところにころがりこんだと、ほくほくしている車夫たちをユーモラスにえがいている。

ルイにとって、けっこうしあわせなものとなる東京の生活において、腹だたしい存在もあった。その筆頭は、当時のクリーニング屋。下着をクリーニングにだしたら、熱い湯で洗ったのか、ちぢんで着られなくなった、何度もそんな目にあわされるのだ。

とくに痛手だったのは、三着しか持っていないフランネルのチョッキのうち二着までが、クリーニング屋のおかげで着られなくなってしまったことだ。

フランネルのチョッキとは、暖房があまり普及していなかった時代のヨーロッパで重宝された下着の一種。素材はふわっとした手ざわりのウールで暖かさは抜群だが、長さが不揃いの繊維が織りこまれていて、きわめて収縮しやすい。ルイは、やむなく、だめにされた二着のチョッキのひとつを切って布きれにし、それをもういっぽうのチョッキに継ぎたして、なんとか着れるものにしたのだった。

クリーニングといえば、幕末、初代アメリカ総領事として下田に滞在したハリスの日記におもしろい記述がある。

安政三年（一八五六）十一月、この港に投錨していたロシア艦船の大佐たちに対して、ハリスは、日本人は西洋の衣類の洗濯法を知らないから、陸まではこんでくるのなら、自分の洗濯人にあなたがたのものを洗わせてもいい、そんな提案をしているのだ。

だが、それは、ルイが日本に来る二十年も前のことである。『図説　明治事物起源事典』によれば、東京ではじめて西洋ふうのクリーニング業を手がけたのは、明治元年（一八六八）、横浜からきた与兵衛という人物だったという。

ルイの日本滞在はその九年後だから、東京にはすでに腕のいいクリーニング屋がいてもおかしくない。まだ西洋の下着の知識まではに普及していなかったのか、それとも、出来の悪いクリーニング屋にあたっただけなのか、そのへんは不明である。

オークションとビブロ

日本側が、ルイのために、わざわざ新しい家を建ててくれることになった。工事の完了を待ちながら、新居に配置する家具・調度をさがすのは、ルイにとってひと仕事だった。日本で生活するといっても、テーブルやイスは欠かせないし、窓にはカーテンをかけたいし、書きものをする机も、ナイトテーブルもほしい。当時の日本の家ではふつう使われていない、そうしたものを探すのは容易なはずがなかった。

頼みの綱は競売《オークション》だった。東京や横浜に滞在した外国人は、帰国するとき自分が使っていた家財道具をオークションで売りさばいたもので、それは、新しくやってきた者が生活用品を入手する格好の場となっていた。

当時の英語やフランス語の新聞は、オークションがどれほど盛んだったかを物語っている。たとえば、一八七六年（明治九年）二月十二日付の『ザ・ジャパン・ガゼット』には、オークションの広告が十件も載っている。

オークションにかけられていたものは、じつにさまざまで、こんなものが目にとまる。赤い布張りの豪華な応接セット、テーブル・イス・ベッド、シーツ類、レースのカーテン、銀食器・せともの類・コップ類、なべ類・調理用具、シャンパン、ボルドー酒、リキュール酒、屋根なし軽四輪馬車……。

なかには、缶入りミルク百二十ダースだの、大型窓ガラス七十パックだの、銅製のクギ三ケースだのといった、商品とおもわれるものもある。

おなじ時期の『横浜毎日新聞』や『東京日日新聞』には、そんなオークションの広告が見あたらないのだから、それは、もっぱら東京・横浜の外国人コミュニティーというちいさな社会で流通していた情報なのだろう。

オークションをとりしきる競売人たちのなかで、ウォレスという人物が目立っている。イギリス人らしいが、フランス人もよくこの男の世話になっている。いわば東京・横浜オークション界の顔だったようで、ルイのところにも一度たずねてきた。

だが、そのオークションにも、いろいろ難題があった。東京に到着して一週間後には士官学校での講義がはじまり、忙しくなった。オークションは東京でおこなわれることもあったが、ほとんどは横浜で、ルイが横浜まで行けるのは講義のない火曜日だけだった。

あてはずれのオークションもある。日本政府の法律顧問として四年間東京に滞在したフランス人ブスケの場合がそうだ。

ブスケは、ルイの二倍ちかくの月給をもらい、東京にひろくて立派な屋敷をあてがわれていた。フランスで定評のある『両世界評論《ルヴュ・デ・ドゥー・モンド》』に、日本の政治経済や文化について論文を寄稿しており、フランス人界隈の名士のひとりだった。

そんな人物のオークションともなれば、つい期待をいだいてしまうものだが、それは見事にはずれた。おんぼろ家具だの、パッとしない鍋や調理用具だの、ふぞろいの皿だのといった、とても買い手がつくとは思えないようなガラクタがほとんどなのだ。だが、ひとつだけ、とても気に入ったものがあった。せとものの手水鉢《ちょうずばち》、日本製のすばらしい芸術品だ。少々ふところが痛んだが、買わずにはいられなかった。

ときには運よく少しまとまった家具が一度に手に入ることもあった。いずれにせよ、そうした買い物は面白くもなんともない。だが、新参者には避けてとおれないものだった。「オークションにでかけては、ここで毛布を一枚、あそこでテーブルをひとつ、またべつのところでイスをひとつ、というふうに買ってあるくことほど、うんざりさせられることはありません。けれど、まだしばらくのあいだは、そんな仕事をつづけてゆくしかないのです」、両親や弟にあてた手紙で、ルイはそんな打ち明け話をしている。

これと違って、ほんとうに楽しい買い物があった。ビブロの掘り出し物さがしである。この時代に日本をおとずれたフランス人をほとんど例外なく魅了したのが、これだ。

ビブロ（bibelot）とは、室内装飾に使える置きものや掛けものをひっくるめて指す語だが、多少とも希少性をもつものという意味あいがこめられている。多くは骨董品である。

ぴったりした言葉に翻訳するのはむずかしいが、ここでは美術工芸品《ビブロ》という語を使うことにしよう。

日本の巻物や版画、木製の細工品やブロンズ像、往時の武士がつけた刀や鎧や兜、そうした美術工芸品に、当時のフランス人は熱いまなざしを向けたものだった。一八六七年（慶応三年）のパリ万国博で、初参加の日本館が日本の美術や文化を紹介したことがきっかけで流行となった日本趣味《ジャポニスム》が、ますます広がりをみせていたからだ。

ルイの美術工芸品収集の初体験は、日本に到着して三日め、上官ジュルダン大尉につれられて、上野や浅草を見学したときだった。このとき買ったのは、漆塗りの木箱と竹製のたばこ入れ、最初の収穫物はささやかだったが、日本の美術工芸品はたちまちにして彼を熱中させてしまう。

「たったひとつ残念に思うことは、ここでぼくが毎日のように目にしている珍しいいろんなものを、フランスのみんなといっしょに楽しめないことです」

美術工芸品さがしは、ルイにとって東京散策の醍醐味となった。彼の家にいろいろ品物をもってくる出入りの商人もできた。

こうしてルイが日本で入手した巻物や版画などの芸術品の数々が、それから百二十年を経て、孫ピエールの手で発見されることになるのだ。

そのなかでも、ひときわ美しい四冊の大型の画集がある。頭がふたつの亀や、角をはやした女の顔をもつ魚といった架空の動物、珊瑚や植物、火事の場面、さまざまな船舶、世界地図、種々の衣装や織物の柄、そういった多種多様な分野の絵や資料を集めたものだ。保存の状態がとてもよくて、まるで絵の具の匂いがしてきそうなほど色が鮮明だ。

この四冊の画集は、徳川御三卿にかぞえられる田安《たやす》家が所蔵していた「献英楼画叢《けんえいろうがそう》」である。とくに能装束《のうしょうぞく》の図がえがかれているものは、能そのものの研究にも役立つ非常に貴重なもので、日本の専門家たちに注目されている。

東京・番町の屋敷

そうこうするうちに、ルイの家が完成した。板塀と竹垣にかこまれた広々とした屋敷で、皇居西北部のお濠にほど近く、近所には英国公使館もある。

この時代、東京・築地に外国人居留地があって、外国人はそうした居留地に住むことが義務づけられていたが、政府雇いには例外もみとめられており、ルイもそのひとりだった。

木造のこの日本の家は、ルイの目には部屋がずいぶんちいさく見えた。窓は気密性が悪く、寒い日はすきま風が素通りする。家のまわりには、ツバキ、松、竹、シュロなどの樹木が植えられていて、裏庭にはキャベツ畑とニンジン畑があった。

フランス軍事顧問団の本部がおかれているカモンサマ屋敷（旧井伊掃部頭《いいかもんのかみ》邸）に仮住まいしていたルイが、この新居に落ち着いたのは、三月の末、みずみずしい緑が息づいてくる季節だった。移り住んでまもなく、見たことのない美しい花が庭に咲いた。すばらしい芳香をはなっている。父母や友人に送ろうと、二りん摘みとって、本のあいだにはさんだ。

ありがたくないことがひとつあった。家のすぐ近くに芝居小屋があり、朝っぱらから三味線や太鼓の音が聞こえてくることだ。芝居は朝の六時にはじまり、ずっと休みなく夜までやっている。

まもなく草も樹木もいっせいに青々とする季節がきて、植物の生育のはやさにルイは目を見張った。四月、五月になると、北国の人間には、もう目が痛いほど太陽がまぶしい。サングラスをもってきてよかったと思った。仕事がら白い紙を使うことの多いルイにとって、サングラスなしには、東京の太陽はあまりに強烈だった。

日本の気候はめまぐるしくかわる。暑い日がつづいたかと思うと、こんどは気温が急にさがって肌寒いほどになる。朝夕の寒暖の差もいちじるしい。そんなふうに激しく上下する気温は、ヨーロッパ人には、熱帯の常夏《とこなつ》よりもかえって体力を消耗させるものだった。

六月に入ると、はやくも蚊の攻撃に悩まされた。夏の夜は、蚊帳《かや》がなくてはすごせない。その蚊帳にも、ときどき二、三匹まぎれこんでくると、ブーンという音ですぐにわかる。たいていそのままにしておき、翌朝、目がさめると、手が赤い斑点だらけになっている。

夏のある朝、耳慣れない騒音が庭いっぱいに鳴りひびいた。音は、庭の木のてっぺんから聞こえていた。うなり声とも、いびきとも、警笛ともつかない奇怪な音だった。そんなものすごい物音がするのに、木の枝や葉はびくともしていない。

いったい何だろう、不思議に思ってルイは小使《こづかい》をよんだ。彼はアハハと笑って、一枚の葉っぱを指さした。そこには、巨大なセミが二匹もつれあっていた。七、八センチはあるだろうか、見たことのない大きなセミだった。このやかましい鳴き声を日本人は快いと感じていて、カゴに入れて楽しんでいると知って、またびっくりした。

庭にウヨウヨしているクモやクワガタも、それまでルイが知っていたものよりずっと大きかった。クモは胴が小型のクルミほどもあり、クワガタは十センチはあるかと思えた。特大のガマガエルは出没するし、夜になると、天井でネズミがかけまわっている。ネズミの横暴はときにはは度がすぎており、ウマのひづめまで噛られる始末、ひづめにヒ素を塗って対抗するしかなかった。

だが、そんな小動物や虫がいるいっぽう、花や緑の美しさはきわだっていた。

「庭に見事な日本のユリが咲いています。ぜひ送りたいのですが、押し花にする方法がなく、大きすぎて、とても封筒に入りそうにありません。ヨーロッパには稀なユリだそうです」、家族への手紙に、そんなことが書いてある。

ルイが家族に送った彼の家の略図を見ると、敷地の大きさが、縦四十五メートル、横四十メートル（約五百四十坪）だったことがわかる。いまからすれば、ちょっとした邸宅だ。だが、明治七年（一八七四）の東京の区分地図をながめると、皇居西北部のこの一帯には、新政府の要人木戸孝允《きどたかよし》や陸軍卿山県有朋《やまがたありとも》などの豪邸がそろっている。たぶんルイの家はとくに大きいというほどではなかっただろう。

ルイの住所は、ふたとおりの仕方で表記されていた。彼が使っていた日本語のスタンプでは、五番町（当時の五番町は現在の一番町）となっているが、家族への手紙には、三丁目谷と書かれている。おそらく五番町のほうは、明治の新しい行政区画による住所で、三丁目谷のほうは、江戸時代からの呼び名なのだろう。

番町といえば、かつての徳川のおひざもと、幕府の役職についていた旗本のお屋敷街だった地区として有名だ。岸井良衛編『江戸・町づくし稿』によれば、幕府時代、ほとんどが武家屋敷で占められていたこの番町界隈で、わずかに点在していた町人の町並みのひとつが、三丁目谷だという。となると、ルイの住所が、五番町、三丁目谷という、ふたとおりの仕方で呼ばれていたことも納得できる。

旗本のお屋敷街だった番町は、明治新政府の官員の邸宅地に転用されていた。安政六年（一八五九）の地図と、その十五年後の明治七年の地図とを比較してみると、様変わりの激しさをあらためて実感させられる。

番町のこの新築の屋敷で、ルイの目にものめずらしく映ったのは、庭の奥にたっているゴドンと呼ばれる建造物だった。

ゴドンとは蔵（土蔵）のこと、土やレンガや石膏のような耐火性の素材でできていて、貴重品を火災から守るために欠かせないものだった。このゴドンという語は、蔵を意味するアジア英語ゴー・ダウン（go-down）からきている。

幕末から明治にかけて来日した西洋人を驚かせたことのひとつは、火事の多さである。頻発する火事、勇敢な火消し、耐火建築のゴドン、この三つは、西洋人が見聞記のなかで好んでとりあげた日本の風物にかぞえられる。

日本にきて一か月ほどした三月十二日、ルイは大きな火事を目の当たりにした。同僚たちとともにカモンサマ屋敷で夕食をおえたばかりのときだった、とつぜん半鐘のけたたましい音が鳴りひびいた。あっちの櫓《やぐら》からもこっちの櫓からも聞こえてくる。大きいぞ、みんな庭にとびだした。西の空が真っ赤だった。士官学校の方向だ。心配になって、大急ぎで屋敷の高みにのぼった。上官たちもきていた。ヴィエイヤール大尉は、不安げに顔をくもらせ、ものも言わずに外に出ていった。きっと学校が気がかりで、見にいったのだろう。

上から見おろすと、四方八方で叫び声がしていて、無数のちょうちんが火事に向かって走っていた。真紅に染まった夜空と、ちょうちんの群れ、その光景は恐ろしくもあり、美しくもあった。あとで知ったが、士官学校は無事だった。

最初のころは、夜、半鐘が鳴るたびに、ルイはベッドからとびだしていたが、そのうち怖さもうすれてきて、起きあがることもなくなった。冬場はほとんど毎日どこかで出火しており、東京に住んでいて火事のたびに起きていたら、寝る時間はなくなってしまう。

焼け跡の再建のスピードも、驚異だった。大きな火事を目撃した場所を、二週間ほどして通りかかって、ルイは目をまるくした。すでに焼け跡はかげもかたちもない。さっきまで灰をひっかいていた場所に、もう家が建っている、そんな感じなのだ。

火炎が木造の家をなめつくした跡に、ゴドンだけが立っている、そんな光景も目にした。とくに、明治九年十一月二十九日の大火のときがそうだった。神田橋・日本橋から築地まで黒焦げの焼け野原になり、「ほとんどストラスブールと同じくらいの広大な地帯に、ゴドンだけが点々と立っているのです」、ルイは手紙にそう書いている。

わたしは、念のため、『千代田区年表』を調べてみたが、なるほど、それは歴史にのこる大火だったようだ。「数寄屋橋から出火、京橋、日本橋と延焼して鍛冶町一帯まで八五五〇戸を焼失」としるされている。

だが、火事以外には、東京の生活で危険を感じるようなものは皆無だった。フランスにいたときと同じくらい安心して生活できた。毎夜、カモンサマ屋敷で夕食を終え、ひとりで武器も携帯せずに、あるいて帰ってくると、いろんな人が声をかけてくる。

「町全体がぼくを知っていて、たくさんの日本人が、コンニチハとか、コンバンハとか、オハヨーとか、友だちどうしのように挨拶します。とりわけ、ぼくを見つけると、すぐにとんできて、ぼくの手をとる小さな男の子がいるんですよ……」

待ちわびた手紙

東京での生活で、ルイがいつも心待ちにしていたのは、両親や弟からの便りをのせて、月二回、横浜に入港するフランス郵船だった。

船の入港は、本国からの最新情報を入手する機会でもあった。フランスの新聞雑誌をはこんできてくれたし、乗員たちからフランス社会の出来事について話を聞くこともできたからだ。船内でおこなわれるディナーに招待されることもあり、そんなときは、日本では入手できない特別なワインを口にするチャンスでもあった。

フランス郵船は、二、三週間、ときには、一か月ちかく停泊して、また出航する。その期日に間に合うように、ルイは国もとに送る手紙をしたためたものだった。たいてい船がでる一週間くらい前から書きはじめ、一通の手紙に何日もかけていた。

だが、話したいことが山ほどあるときは、とても一通ではおさまりきれない。たとえば、日本国内の旅の話なんかがそうだ。そんなときは、二週間後のつぎの船の出航を待ってそのつづきを書き、それでも話が終わらないと、さらにその二週間後にまたそのつづきを書いた。そんなふうに、ルイの手紙はしばしば「連載もの」であった。

日本に来る航海のあいだも、旅で見たり聞いたりしたことをせっせと手紙に書いていた。

波の穏やかな日は、テーブルにむかって便りをつづるのが彼の日課だった。前の日に筆をとめたところからはじめて、そのつづきを書く。こうして書きあげた長い手紙を、船が寄港するたびに国もとにおくっていた。

だが、船旅の途にあっては、自分のほうは手紙をうけとることができない。ルイが日本に到着したばかりのころ、いちばん待ちわびていたのは、横浜に入港する最初の船、ヴォルガ号だった。両親や弟や友人のはじめての手紙を運んできてくれるはずの船。けれど、その待ちこがれた手紙を、不運な偶然がかさなって、一週間もおあずけを食うことになるのだ。

ヴォルガ号は二月十九日土曜日に到着の予定だったが、その日になってもあらわれず、二十日がすぎ、二十一日になってもいっこうにやってこない。香港・横浜の航路はしばしば海が荒れるので、船の遅れはよくあることだったが、二十二日になると、さすがに不安がひろがった。

二十三日水曜日、お昼ころ、ついに、横浜港に停泊中のフランス艦艇タリスマンが様子をみにゆこうとボイラーの準備にかかったとき、やっとヴォルガ号が姿をあらわす。ちょうどそのころ、東京で昼食をとっていたルイになつかしい来訪者があった。同じ船で日本にきて、横浜の外国人居留地に住んでいるマグナンという男、今夜ディナー・パーティーをやるからこないかと誘いにきたのだ。ルイは一も二もなく承諾する。

仕事を終えて汽車に乗り、夕暮れのせまる横浜駅に降り立ったとき、ヴォルガ号の入港を知った。だが、彼あての手紙は、ちょうど入れ違いに、東京に運ばれたところだった。横浜港が一望できる、しゃれたコテージでのディナー・パーティーは、久々のくつろいだ時間となったが、いとまを告げたとき、外はどしゃぶりの雨だった。

それは、ルイにとって、忘れられない夜となる。夜おそく新橋駅に着いたとき、雪が降っていた。ルイの家が完成する前のことで、彼はまだカモンサマ屋敷に仮住まいしていた。人力車でひっそりと静まりかえる屋敷の裏門から入った。

真っ暗な屋敷の迷路のような廊下でたちまち方角をうしない、上官が大切にしている置物にけつまずいたり、明かりをつけていないちょうちんを足でひっかけたり、会議室のイスにぶつかったりしながら、どこをどう歩いたのか自分でもわからないままに、ふと見ると、雪明かりに浮かびあがっているのは、見覚えのある場所だった。

そんなふうにしてようやく自分の部屋にたどりつくと、手紙が一通と雑誌の小包が届いていた。だが、いちばん楽しみにしていたストラスブールの両親やパリの弟からの手紙はなく、そのかわり郵便担当官からの書きつけがおいてあった。ルイあての書留郵便が、横浜のフランス郵便局に局留めになっているという。

きっとお父さんやお母さんからの手紙だ、どうしてまた書留郵便なんかにしたんだろう。ついさっきまで横浜にいたのに、なんて運が悪いんだ、ルイは地団駄をふんだ。

士官学校での講義がはじまったばかりで、スケジュールはびっしりつまっていて、ふつうの日は横浜に行く時間はない。それから一週間して、講義のない火曜日がきて、はれて横浜のフランス郵便局にゆき、待ちに待った手紙をようやくうけとることができた。

前年の十二月にフランスを発って以来、はじめて読む父母からの便りであった。

この明治九年（一八七六）、日本はすでにアメリカとは郵便の交換条約をむすんでいたので、日本の切手をはった封書をアメリカに送ることができ、アメリカからの手紙は、日本に着くと、日本の郵便局がうけとって国内に配達していた。

だが、ヨーロッパとのあいだには交換条約がないので、各国は横浜に自国の郵便局をおいていた。フランスからの郵便物は、いったん横浜のフランス郵便局がうけとった後に日本の郵便局にゆだねられ、日本の切手がはられて配達される。こうした手続きの費用として、フランス軍事顧問団のメンバーは、ひとり一か月五フラン（約一円）ずつ納めていた。

けれど、いちばん手っとりばやいのは、船が到着した日に横浜まで行って郵便物をうけとってくることだ。横浜に行く同僚がいれば、ついでに自分宛のものも持ってきてもらえる。だが、書留郵便の場合は、本人がとりにゆかなければならなかった。

ルイは両親への手紙に、今後は書留だけはやめにしてほしいと頼んでいる。横浜まで手紙をとりに行くのがおっくうだからではない。

「ただ、ほかの人たちが国からの手紙を読んでいるときに、ぼくだけが指をくわえて眺めていて、ぼく宛の手紙を横浜にとりに行ける日がくるまで我慢しなければならないなんて、とてもやりきれないのです」。それに、わざわざ書留にしたところで、とくにメリットはない。フランス郵船には郵便物取り扱い人がひとり乗務していて、その人があらゆる郵便物を一括して同じ場所に保管しているので、何かがあれば、書留であれ普通であれ、リスクは同じなのだから。

さいわいにして、その後は書留郵便が送られてくることはなかったようだ。

日本がまだ万国郵便連合に加入していなかったこの時代、ヨーロッパとの手紙のやりとりがどのようなものだったかについては、松本純一著『横浜にあったフランスの郵便局』にくわしい。それは、こんなふうだったという。

日本人が外国に手紙を送る場合、封筒を二重にして、日本国内の分と外国の分とをあわせた郵便料金に相当する日本の切手を、外側のほうに貼って、駅逓寮《えきていりょう》（郵便局）に差し出す。そこで外側の封筒がとり去られ、内側の封筒に、あて先の国の切手が貼られて、横浜におかれているその国の郵便局にゆだねられる。外国語であて名を書けない人のためには、代筆サービスもあったそうだ。

日本に住むフランス人が自分の国に手紙をだすときはどうかといえば、日本の切手とフランスの切手の両方を貼って、日本の郵便局に持ってゆく。日本の郵便局はそれを横浜のフランス郵便局に配達し、フランス郵便局の手で郵船にゆだねられる。そのため、フランス人ひとりひとりに、自分の住所を日本語で彫ったスタンプが渡されていたという。

ルイも、そうしたスタンプを持っていた。けれど、彼は、船の出航のぎりぎりまで手紙を書いていることがよくあり、そんなときは、自分で横浜まで持っていったものだった。

マルセイユのサンタクロース

さて一足飛びに、百二十年後、ルイの孫ピエールの話にとぶことにしよう。

二〇〇〇年十二月半ば、マルセイユに住むピエールから、わたしのところに書籍小包がとどいた。厚さはさほどではないが、ずっしりと重く、手につたわる感触から、がっちりとした表紙の豪華本であることはすぐにわかった。

日本をテーマにした写真・エッセイ集だった。富士山と仏閣の写っているブルーの表紙に、白い文字のフランス語で『わたしの愛する日本』というタイトルが書かれている。著者は、ダニエル・マユジエとイーヴ・マユジエ。

クリスマス・プレゼントだろうか、でもなんでこの本を？　いささか不思議におもいながらページを繰っていると、赤とグリーンの色あざやかな真四角なカードのようなものがパラリと落ちてきた。手にとってみると、群生する真っ赤なポピーの花の写真が印刷された封筒だった。なかには絵葉書が一枚、これも花の写真で、赤いポピーとブルーの矢車草がいりまじって一面に咲き乱れる風景だ。

その絵葉書にはたったひとこと、こう書いてあった。

「マルセイユのサンタクロースからのアドバイス、六十四ページから読みはじめたらいいですよ」

急いでそのページをひらくと、「ルイ・クレットマンとピエール・クレットマン」という太字の見出しが目にとびこんできた。

一八七六年（明治九年）、フランス軍事顧問団のメンバーとして来日した祖父ルイと、それから百二十年ほどの年月を経て、祖父の滞日記録を発見することになる孫ピエール、このふたりの人間について書かれたものだった。「歴史が忘れていた人たち」と題した章にふくまれている。

そこには、齢《よわい》八十を直前にして、祖父の膨大な手紙と日記を解読し、コンピュータを自在にあやつって冊子のかたちに編集した孫ピエールのエネルギッシュな活躍ぶりについても書かれている。

家族の者に読ませたいというだけの、ささやかな願望から出発した仕事だったが、ピエールの知的好奇心は、この当初の目的をはるかにこえて、ふくらんでいった。

一九九八年秋、祖父の足跡をたどる日本への旅を企画し、それをキモノ作戦と名づけた。二〇〇〇年春には、横浜開港資料館に、「フランス士官が見た明治のニッポン」というテーマで祖父ルイが日本から持ち帰った五百三十五枚の写真のうちの百二十枚が展示され、その機会にピエールは二度めの来日をはたす。

「八十六歳にして、なんという情熱！」、『わたしの愛する日本』の著者はそうむすんでいる。

この本を読んで、わたしはとても嬉しくなった。百二十年ぶりに発見されたルイ・クレットマンの滞日記録は、祖父の物語であると同時に孫の物語でもあり、だからこそ、そこにロマンがあるのだが、この本は、まさしくこの点に焦点をあわせているからだ。

ルイの日記は、その日におこったことや目にとまったことを手短に書きとめた備忘録のようなものだが、手紙のほうは長くて熱がこもっており、いかにも楽しみながら書いたという雰囲気をただよわせている。

書きだしはいつも、「親愛なる両親、親愛なる弟」、その手紙をルイはパリに住む弟あてに送り、まず弟が読み、それからストラスブールの両親に転送していた。さらにそのあと、ストラスブールの知人たちのあいだで回し読みされることもよくあった。遠い日本からの便りはそれだけ珍しいものだったのだ。

ある出版社が、どこから情報をつかんだのか、彼の日本からの手紙のことを知った。「うちの雑誌にぜひ載せたいと、その出版社が言っている」、ルイの父親がそう手紙に書いてきた。ルイにとっては、とんでもない話で、こんな返事をしている。

自分が手紙に書いていることは、あくまでも個人的な印象だ。出版を目的として書くのなら、いまの仕事はやめて、それにかかりっきりになり、日本語を本格的に学び、日本の歴史や宗教を研究して、写真や絵も系統的にあつめなければならない。そんなことは到底できない。それに、自分はフランス陸軍の管轄下にあり、許可なしに文章を発表することはできない。

自分としては、身内の者だけにあてて、気兼ねなしに目にしたことや思ったことをざっくばらんに書くほうがずっといい。あとで自分で読み返したらきっと楽しいだろう。けれど、公表するなんて論外だ。

だが、雑誌社の熱心さはそうとうなもので、ルイはやむをえず、自分の名前はぜったいに出さないこと、勝手に手をくわえないこと、スペルの誤りがあれば修正すること、といった条件をだした。といっても、実際に自分の手紙のある個所が雑誌に掲載されたことを知ったとき、ルイは不快感をあらわにしている。

けれど、そんな手紙が、はるかな年月を隔てて、自分の孫にあたる人物の手で印刷されてしまうとは、ルイは夢にも思っていなかっただろう。

いや、孫ピエールにしても、最初からそんな意図があって祖父の手紙を解読しはじめたわけではなかった。だいいち、祖父の手紙を入手してから十五年間も、何もせずにほっておいたくらいだ。だが、読みはじめたとたん、面白くてやめられなくなった。冊子のかたちに編集することにしたのは、その必然的結果だったのである。

孫ピエールによる解読作業

「祖父ルイの両親や弟でさえ、わたしほど彼の手紙を何度もくり返して読むことはなかったでしょうね」、ピエールは、ある時、わたしにそう言った。

祖父の手紙や日記の解読作業は、孫ピエールにとって、それほど一筋縄ではゆかない仕事だったのだ。

だいいち、字がこまかい。いまなら、航空便の手紙でも二十五グラムまでが基本料金だが、当時の船便は十五グラムまでだった。紙もいまほど豊富ではない。だから、文字を詰めこめるだけ詰めこんで書いたものである。そのうえ、いまの人とむかしの人とでは、文字の書きぶりも違う。

「わたしの目と頭が、祖父の筆跡に慣れるのにかなり苦労しました。まる一週間はかかりましたよ」

分量も膨大なものである。ルイが日本にむけて出発してからヨーロッパに帰ってくるまでの手紙が七十三通、それに二冊のノートに書かれた日記。おおざっぱに計算してみたところ、手紙だけですでに、フランス語の『星の王子さま』のおよそ十二冊分あった。ちょっとした長編小説のボリュームである。

もうひとつの難題は、手紙や日記にちりばめられているアルファベット表記の日本の人名や地名や日本語の単語。祖父ルイが日本に到着した一八七六年（明治九年）二月の日記だけで、すでに日本語が四十くらいでてくる。ジンリキシャ、ハマゴテン、ヤシキ……、ピエールにとってははじめて目にする言葉ばかりだった。

ピエールは、まず、この手紙と日記をコンピュータに入れることを考えた。どんな方法をとったらいいのか、試行錯誤をつづけていくうちに卓抜なアイディアがうかんだ。手紙と日記を朗読してカセットテープに入れ、それを誰かに打ち込んでもらうのだ。マルセイユで医者をしている四男ベルナールの紹介で、秘書を職業とするクリスティアンヌがこの仕事をひきうけてくれることになった。

仕事は本格的にスタートした。手紙と日記の朗読は、コツコツと毎日かかさずにおこなった。その録音テープに、空のフロッピーを添えて、クリスティアンヌに渡す。彼女はそれを打ち込んでフロッピーに入れてピエールに返す。ピエールはこんどはそれを自分のコンピュータに入れ、原文とつきあわせて修正をくわえるのだ。

読みすすむほどに、祖父ルイの明治の日本との出会いにますます興味をかきたてられた。だが、その作業は、しばしば自分の肉体の衰えを実感させるものだった。

ルイが便箋として使っていたのは、はじめのうちは薄手の紙で裏の文字が表にすけて見え、朗読するピエールの目を疲れさせた。途中で厚めの紙にかわり、字も丁寧になってきたので、朗読のスピードがはやくなった。すると、こんどは喉に疲労を感じた。

こうした根気のいる仕事は、登山と同じで、一定のリズムをまもりながら、コンスタントに進めることが肝要だ。ピエールは、一日に二通のペースで録音するという日課を、自分に課した。朝の早い時間に一通めを朗読し、夕方にもう一通。

この仕事はいったい何の役に立つのだろうか、これらの手紙や日記にはたして誰かが興味をもってくれるだろうか、ピエールはしばしば自問した。

似通った地名を前に、よく頭をかかえた。

カナガワ、カナザワ、カナヤマ……、これらは別々の地名なのか、それとも同じものなのか。というのも、祖父ルイは、同じ地名や人名にときどき違ったスペルをあてているからだ。この問題を解決するために、ピエールは、コンピュータに人名や地名のデータベースをつくることにした。

解読作業がすすむにつれて、日本の地名を地図のうえでさがしたり、人名を特定したりする仕事がでてくる。それには、日本人の助力が必要だった。ピエールは、得難い日本人協力者にめぐりあった。マルセイユの日本領事館で出会った通訳・ガイドの梅田眞美さんである。「わたしに日本文化の最初の手ほどきをしてくれたのは、彼女です」。

祖父ルイの滞日記録をできるだけ多くの人たちに知ってもらおうと、ピエールは日本やフランスの大使館やジャーナリズムや学会関係者に精力的にはたらきかけ、いろいろな人たちと連絡をとった。これまで祖父ルイの件で出会ったり、コンタクトをとったりした個人や組織のファイルも、ピエールのコンピュータに記録されている。

ファイルの数はどんどん増えた。二〇〇〇年秋、わたしが再度マルセイユのピエール宅を訪問したとき、その数は百二十八件になっていた。日本に住む個人や日本にある組織が五十二件、パリの個人や組織が四十七件、フランスの地方のものが二十九件。

祖父の日本コレクションの総目録の作成も、大仕事だった。写真、地図、テキスト、美術工芸品……、その種類も量もたいへんなものである。

そうしたものを、ピエールはジャンルごとに分類し、整理番号をつけた。総目録には、フランス軍事顧問団にかんする文献や、顧問団のメンバーのリストや、彼らのコレクションの有無やその所在などもくわえた。四十ページをこえる目録となった。

孫ピエールが語る若き祖父の東京体験

ピエールと話していると、祖父ルイが手紙や日記のなかで書いているエピソードが、よくひょいと出てくる。解読に心血をそそいだ結果なのだろう、祖父の手紙や日記にしるされている話を、彼はまるで自分自身の思い出のように楽しげに語る。

そんなピエールにとって、祖父ルイが東京で体験したり観察したりしたことのなかで、どんな点がとくに印象ぶかかったのだろうか。

若き祖父の東京での体験を、老いた孫ピエールはこんなふうに語る。

「ルイは、自分が住んでいる東京の屋敷の写真を両親に送りました。そこにはキモノ姿の日本の少女が写っています。特別な仲ではないから心配しないでほしい、だいいち、彼女たちはまだ十三歳にもなりませんからね、なんて書いています」

この少女たちは芸者のタマゴで、お師匠さんにつれられてルイの屋敷に踊りをひろうしにきたのだったが、それにはこんな経緯があった。

ルイは近所に住む呉服商と知り合いになった。この呉服商の妹は、近衛《このえ》家の家臣の妾だった。近衛家は経済的に苦しい状況にあり、呉服商は、内々の依頼をうけて、この家の武具や着物を売っており、ときどきルイの屋敷に品物を持ってきていた。お使いにくるのは、その呉服商のちいさな男の子で、ルイは、気に入った美術工芸品を買っていた。

ある日、呉服商が、お礼にぜひ舞踊をお見せしたいと言ってきた。じつは、彼の娘は踊りのお師匠さんで、芸者のタマゴたちを教えていたのだ。

ルイは二つ返事で承知し、ある日の午後、お師匠さんにつれられて、三人の少女がやってきた。十歳から十三歳の、とてもかわいらしい女の子で、めずらしそうな顔でルイの家を探索してあるいたり、三人してふざけて彼のベッドにもぐりこもうとしたりした。

ルイは茶菓子をふるまい、呉服商や近所の人たちもきて、屋敷の二階は十人ほどの日本人で大にぎわいだった。彼の同僚も合流し、少女たちの踊りや、おしゃべりで、愉快な時間をすごした。日常生活での日本人と外国人とのふつうのつきあいが稀だった時代にあって、人との接触におずおずしないルイのおおらかさを感じさせるエピソードだ。

「その少女のひとりは、前髪がくせ毛なのを気にやんでいました。日本ではまっすぐな髪が美しいとされていたからです。ルイはほとんど使っていないポマードを持っていたので、それをあげたところ、つけたら髪がまっすぐになった、と喜ばれたそうです。西洋人の男が使用する整髪料がこんなことに役立つとは思ってもいなかったでしょうね」

日本の馬は、ルイを相当てこずらせたものだった。彼が入手した馬は見た目には美しく、体格も立派だが、まったくの見かけ倒しで、怖がりで怠け者のくせに頑固で、かみつくし、後ろ足で蹴るし、飛び跳ねるしで始末におえない。あるとき、鞭をあてたとたん、馬はやにわに疾走し、自分の生まれた家の門にむかって突進した。

「日本では、主人と使用人とは同じ門を使わないそうです。馬は暴走しても、ちゃんと使用人のための低いちいさな門のほうにとびこんだというのですから、おかしくなります。ルイにとっては災難でした。あわてて身を伏せて、ぎりぎりのところで頭をぶつけずにすみました」

東京でルイは何度か火事の現場を目撃したが、消防夫の勇猛果敢さにはいつも目を見張っていた。「彼らは、屋根が崩れ落ちるのとほぼ同時に、屋根から飛び降りるのです」。消防夫たちの組は、おたがいに競いあっていた。家を一軒救うのに成功すると、その組の番号を書いた札がさげられ、あとで、褒賞としてお米やお金がもらえるのだ。

隅田川の夏をつげる両国川開きは、楽しみにしていたことのひとつだった。

「東京の住民がわれもわれもとつめかける、とても賑やかなお祭りでした。どの舟も提灯や花でかざられ、三味線をひく女や芸者たちがいて、みんな舟のなかで宴会をやっています。ルイは同僚たちと、漕手三人の大きな舟を借りて、川にくりだします」

何千という舟が浮かび、色とりどりの無数の提灯で照らされた川の風景は、おとぎ話の世界のようだった。川ぞいの家もすべて明かりをかかげ、橋という橋から、そして舟からも、花火があがっている。アメリカの水兵たちが、ひどく酔っぱらって、聞いていられないほど下手な音楽を演奏している。おしまいは、ものすごいにわか雨におそわれ、ずぶぬれになってしまった。

翌明治十年、またこのお祭りに参加した。西郷隆盛らの反乱によっておこった西南戦争の真っ最中だったため、両国川開きは、前年ほど華やかなものではなくなっていた。だが、ルイのほうは、前回よりもはるかに準備万端でのぞんだ。花火をたくさん舟に積み、川のまんなかで、同僚が国から持ってきたフランス花火をあげて、祭りをもりあげるのに一役かった。周囲の幾つかの日本人の舟と意気投合し、酒の杯を受け、お返しに甘口のワインをふるまったり、サンドイッチをあげて和菓子をもらったりした。

五月、虎ノ門の金比羅《こんぴら》さまのお祭りになると、ルイは友人とふたりで、ちょっとしたいたずらをしたものだった。安物のかんざしをどっさり買いこんで、祭りにきている娘たちの髪に、そのかんざしをうしろから挿してあるくのだ。どの娘も振り向いてにっこりし、「ありがとう」と言ってくれる。

こうして一時間ほど楽しんでいたとき、ルイたちが挿したかんざしを髪につけた三人の娘さんが近づいてきて、家にこないかと誘う。

「もし日本以外のところで、そんな提案をうけたら仰天するだろうけれど、ここでは、ごく自然なことで、他意はまったくありません」そうルイは書いています。当時のヨーロッパでは、若い娘が、見知らぬ男を家に誘うなど、とんでもないことでしたから」

ルイが娘たちに連れてゆかれた家は、書店をいとなんでいた。母親からもお礼を言われ、お茶やコーヒーやタバコがふるまわれた。父親が帰宅したのは、夜十一時ころだった。自分の家に、しかも夜の遅い時間に、外国人がいるのには、さすがに驚いたようだったが、わけを知ると、すぐに打ち解けた様子になった。ルイはカタカナで自分の名前を書いてみせたり、タバコを交換しあったりして、深夜まで楽しんだ。

「けれど、こうした警戒心を知らないもてなしは、日本から消えつつある、とルイは言っています」

キリスト教の国でないのに、東京の街でヨーロッパと同じようにクリスマスを祝っていることに、ルイはびっくりしていた。けれど、新年は、西洋のメッキを落とした日本人の素顔を見る機会だ、とも書いている。

十二月三十一日、近所の通りは、沢山の赤と白の大きなちょうちんで照らし出され、幻想的な雰囲気をかもしだしている。十二月二十五日から一月十日まで、人びとはほとんどはたらかず、晴れ着をつけて散歩しているといった風情だ。

どの家にも門松が飾られている。どこに行っても凧が舞っていて、凧をあげる人で道がふさがれて、交通のさまたげになるほどだ。そして、どこの通りでも女や子どもたちが羽子板で遊んでいる。

「けれど、そんな昔ながらの習慣は中間層の人びとのあいだに残されているだけで、上流階級のほうは、名刺をもっての訪問という西洋の習慣にさっさと鞍替えしている、そうルイは書いています」

第四章　お雇い外国人の仕事とバカンス

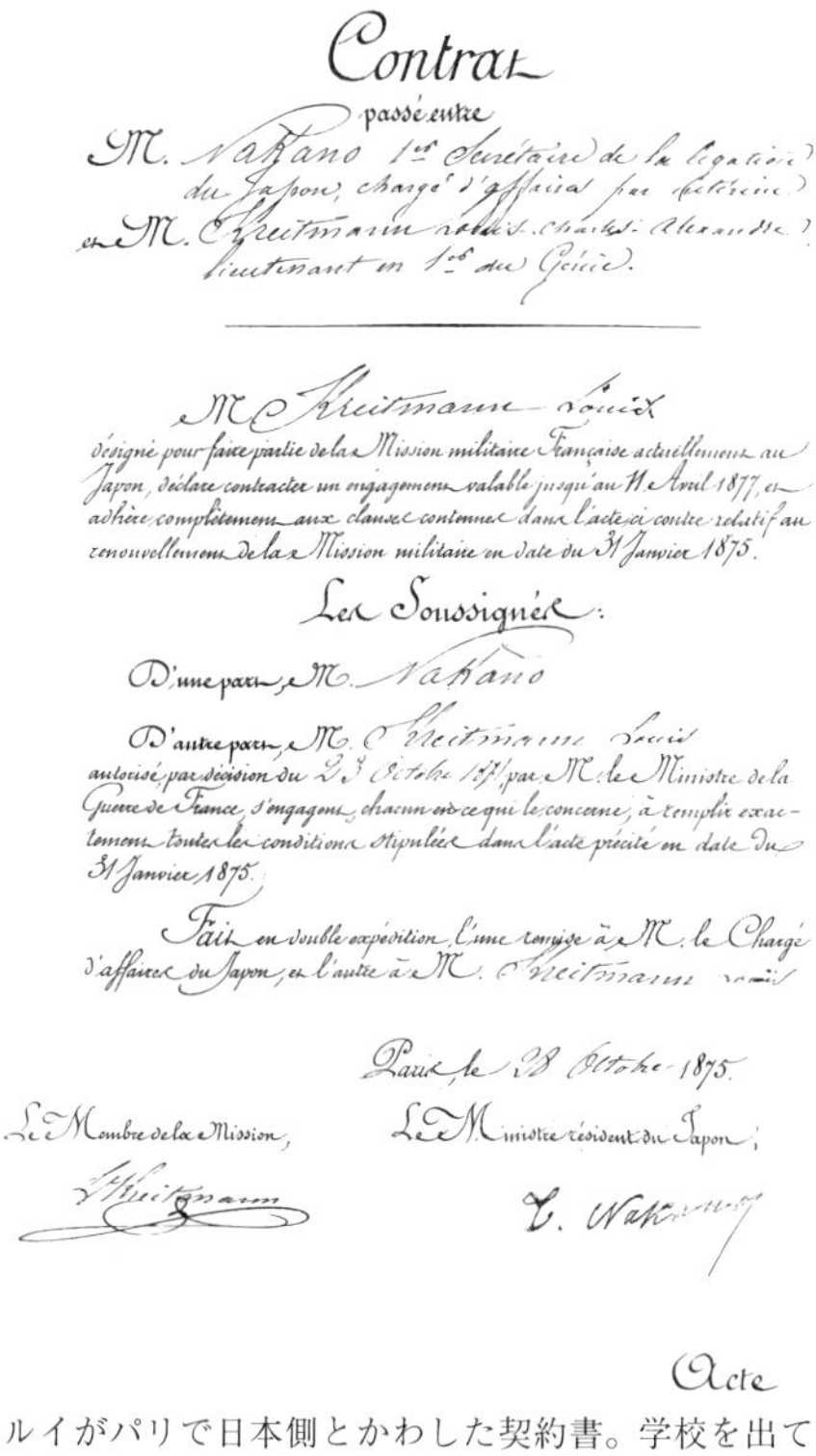
Contrat
passé entre
M. Nakano 1er Secrétaire de la légation du Japon, chargé d'affaires par intérim
et M. Kreitmann Louis Charles Alexandre, lieutenant en 1er du Génie.

M. Kreitmann Louis
désigné pour faire partie de la Mission militaire Française actuellement au Japon, déclare contracter un engagement valable jusqu'au 11 Avril 1877, et adhère complètement aux clauses contenues dans l'acte ci contre relatif au renouvellement de la Mission militaire en date du 31 Janvier 1875.

Les Soussignés :

D'une part, M. Nakano

D'autre part, M. Kreitmann Louis
autorisé par décision du 23 Octobre 1875 par M. le Ministre de la Guerre de France, s'engagent, chacun en ce qui le concerne, à remplir exactement toutes les conditions stipulées dans l'acte précité en date du 31 Janvier 1875.

Fait en double expédition, l'une remise à M. le Chargé d'affaires du Japon, et l'autre à M. Kreitmann Louis

Paris, le 28 Octobre 1875.

Le Membre de la Mission, L. Kreitmann

Le Ministre résident du Japon, T. Nakano

Acte

ルイがパリで日本側とかわした契約書。学校を出てからまだ一年しかたっていなかった。

仕事のやりがい

東京に設立されたばかりの陸軍士官学校で教えるのが、工兵中尉ルイ・クレットマンの仕事だった。

担当教科は、測量や地図作成や築城術だが、それ以外にも、数学と化学を教えていた。文化も生活習慣もまったく違う日本という遠い異国で、もし仕事に大きなやりがいがあったとすれば、それはなによりもまず、頼れる人のほとんどいないところで、すべてを自力で切り抜けなければならなかったことだろう。

若いルイにとって、日本滞在は、自国のつよい上下関係から解放されて、実力を発揮する機会でもあった。父母や弟にあてた手紙でこんなことを言っている。

ほんの少し前には、学生として机上で地図を作成し、要塞の図面をひいていた自分が、いまや実物の地図作成や要塞の図面づくりを指揮している。ここでこうしているのは本当に自分なのだろうかと、ときどき頬をつねってみたくなる。

フランスでは自分のような中尉にはゆるされないほどのイニシアティブを、東京では発揮しなければならない。上官は、信頼してくれているのか、それとも、のほほんとしているのか、すべて白紙委任してくれる。器具や用具の発注、印刷作業室の配置、立体模型の作成……、なんでも独力でこなしている。

お雇い外国人とよばれた人たちは、多少ともそんな体験をしたのかもしれない。実際、若い人が少なくない。建築学教師のイギリス人コンドルは来日当時二十四歳、同じイギリス人の鉱山学教師ミルンは二十五歳、ドイツ人医学者ベルツは二十七歳だった。

お雇い外国人ではないが、初代アメリカ総領事ハリスの通訳をつとめたヒュースケンは二十四歳で来日、のちのイギリス公使アーネスト・サトウが公使館通訳生としてはじめて日本にきたとき、わずか十九歳だった。

こうした若者たちにとって、外に対して国を開いたばかりの日本という異国は、自分の実力をためすことのできる挑戦の場でもあったにちがいない。

もちろん、平均寿命がはるかに短かったこの時代、二十歳の若者はいまよりずっと大人だった。けれど、高等教育をうけて、ひとつの分野の専門的な知識を身につけるまでにかかる年数が、現代とそれほど違うわけではない。

ルイの場合、名門のパリ理工科大学《エコール・ポリテクニーク》を卒業したのち、工兵学校に入った。というのも、フランス最高のレベルを誇る理工科大学は、数学にせよ力学にせよ、理論を集中的にまなぶところだからだ。この大学は二年課程（時代によっては三年）、ここを卒業すると、学生のほとんどが、実地をまなぶ学校に入りなおす。

十九世紀、ルイの時代には、理工科大学出身者の三分の二が軍人になった。なかでも優秀な人材の大半は、工兵に進んだといわれる。工兵とは、橋や道路や要塞の建設、および測量や地図作成などを専門とする分野だ。

その工兵学校を、ルイは首席で卒業している。目がさめるような秀才だったわけである。工兵学校を出たのは、一八七四年（明治七年）十月、二十三歳。フランス軍事顧問団のメンバーとして来日する契約書をかわしたのは、その一年後、そして、日本にむけて出発したのは、契約成立の二か月後だった。社会人としてはほんの新米だ。

人生のこの時期における特異な体験は、少なからぬ重みをもつ。わずか二年三か月の日本滞在ではあったが、それは彼のなかに消しがたい跡をきざむことになるのだ。

ルイがパリで日本の陸軍省とかわした契約書が、つい最近、二〇〇〇年になって、孫ピエールにより発見された。この契約書の条項をみると、フランス軍事顧問団のメンバーは、団長をはじめとして、工兵大尉、砲兵大尉といった士官から、蹄鉄工や鍛鉄工のような現業員まで、ぜんぶで二十六人で構成されていたことがわかる。

明治新政府の要請をうけて、フランス軍事顧問団の一行が日本にやってきたのは、明治五年（一八七二）。ルイは、当時、まだ学生だった。彼が日本にくるのは、その四年後、前任者のヴィエイヤール工兵大尉と交代するためであった。

顧問団のメンバーのなかでも、ルイは、士官学校の教育について指導的な役割をはたす人材として送りこまれた。学科にかんする最高責任者、学科部長をつとめることになるのだ。ルイの前に学科部長をつとめた二人の先輩、ジュルダン大尉とヴィエイヤール大尉もまた、パリ理工科大学から工兵へという秀才コースをあゆんだ人たちだった。

仕事の人間模様

フランス人教師たちは、日本の生徒にあだ名をつけられていた。オバアサン、ウサギ、アカナス（トマト）、ナマズ……どれも、その人の風貌が浮かんできそうな、わかりやすいあだ名だ。ルイはといえば、鹿の目、シャカセンという、ふたつのあだ名をもらっていた。シャカセンとは大男を意味すると、彼は日記に書いている。だが、国語辞典にも漢和辞典にも、そんな言葉は見あたらない。凝《こ》ったあだ名らしい。

ひょっとして、すもうとりの名？　そう思って調べたところ、江戸時代に釈迦《しゃか》ヶ嶽《たけ》という巨人力士がいたことを知った。身長二メートル二十七センチ、体重百八十キロ。江戸っ子の人気を集め、早朝とうふ屋をおこすのに二階の雨戸をたたいただの、茶店の屋根の上に茶代をおいて帰っただのと、落語やこばなしで語りつがれたという。

当時、釈迦という語は巨漢をイメージさせ、それで、並外れた長身のルイがシャカセンと呼ばれたのではなかろうか。彼のもうひとつのあだ名、鹿の目は、英語で言えば、バック・アイ（buck-eye）、つまりトチの木。ときには三十メートルに達する高木だ。

ルイの講義はフランス語でおこなわれていた。彼には太田という名の日本人通訳がついており、通訳も士官学校の教官スタッフの一員だったことがわかっている。

だが、講義にもいちいち通訳がついたのだろうか、それとも、まったく日本語を介さない講義だったのだろうか。わたしとしては、生徒の理解を助けるために、部分的に通訳の介入があったのではないかと想像しているが、断定はできない。

ただ、ひとつだけはっきりしていることがある。生徒には日本語に翻訳されたテキストが配られていたということである。ルイが士官学校で使用していた日本語のテキストが十九冊、これもまた、孫ピエールの手で発見されているからだ。『地理図学教程講本』、『永久築城教程講本』、『算学教程講本　代数学補』、『化学教程講本』などなど。

どのテキストも同じ紺色の表紙と白い糸の和とじ本。執筆者ルイの名前は、ルビつきの漢字で、屈烈多曼《クレットマン》と書かれている。数学や化学のテキストなどには、翻訳者の名までちゃんとしるされている。

ルイの手紙に書いてあることから推測すれば、テキストの作成にはこんな方法がとられたようだ。まず彼がフランス語で講義の草稿を書き、日本人教官がそれを日本語に翻訳し、その日本語訳が石版印刷されて、テキストとして製本される。

学校で日本語に翻訳させたものはぜんぶ一冊ずつとっておいてある。あとになって、友人たちがきっと面白がってくれるだろう、ルイは手紙にそう書いている。まさに、その言葉どおり、十九冊のテキストが保存されていたのだ。彼の手書きのフランス語草稿のほうも、部分的にみつかっている。

化学のテキストには、翻訳者主筆の山口知重と、共訳者の上原六四郎・小倉政二の名前がしるされていて、序文には、講義開始を目前にひかえ、翻訳の脱稿とともに石版印刷に付さなければならなかったので、おそらく誤りもあるだろうが、修正は後日にゆだねる、といった断り書きがある。となると、日本語訳テキストは、講義の前にあらかじめ生徒に渡されていたのだろうか。

生徒たちをいちばん楽しませているのは化学だ、とルイは書いている。化学にとくに人気があつまるというからには、たぶん実験もおこなわれていたのだろう。

日本側は、フランス軍事顧問団のメンバーの勤務評定をしっかりおこなっていたらしく、一人ひとりの働きぶりを評価する書類がつくられていたという。

「さいわいにして、ぼくについていえば、これまでのところ日本側にけっこう大切にされているようです。ぼくの日本人との関係は、とても温かく、とても気持のよいものです」

いかにもフランスの若者らしく、上に立つ人たちに対して、彼の手紙はしばしば鋭い批判の矛先を向けている。とくにフランス軍事顧問団長ミュニエに対しては手厳しい。

「彼は好人物だけれど、顧問団のトップとしては無能だ。彼に欠けているのは、エネルギーと腕力です。そうしたものが少しはなければ、これだけ異質の人たちからなる顧問団をきちんと動かすことはできない」

日本のリーダーも皮肉っている。あるとき、士官学校でルイが築城術の講義をしている最中に、曽我《そが》校長がぬきうちで参観にきた。参観する校長の様子を見て、おかしくてしかたがなかった。

「彼にはまったく何も理解できていないことぐらい、ぼくは内心ちゃんと知っていました。それでも彼は、わかっているような顔つきで、うなずいて見せたり、生徒に配られた図面を、いかにも鑑識眼ありげに一瞥したりしていたのです」

日本の兵士について、ルイはこんな評価をしている。

「彼らはまだ本当の兵士ではない。じつに器用できわめて聡明な男たちだが、まだ態度や規律や軍人としての精神に欠けるものがあり、そうしたものは五年や六年では習得できない。けれど、現状ですでに、日本の軍隊は、ヨーロッパの大国にとってもあなどれないでしょう……。はずかしながら白状すると……、彼らは、フランスの工兵第一連隊より上手に射撃するほどです」

パリ理工科大学《エコール・ポリテクニーク》

さて、ここで少し話題をかえて、ルイの出身校であるパリ理工科大学についてふれよう。

フランスの高等教育機関のなかでも、えりすぐりの秀才をあつめた、非常に特殊な性格をもつ大学である。

ルイは理工科大学をでたばかりでなく、晩年には、ここの学長をつとめており、そして、その孫ピエールもやはりこの大学に入ることになるのだ。

日本に派遣されたフランス軍事顧問団のなかで、この大学出身者は中心的な役割をはたしていた。ルイがよく批判していた顧問団長ミュニエからして、この大学をでている。

フランスは旧幕府時代にも軍事顧問団を派遣していたが、そこで目立った存在だったブリュネもまた、この大学の出身。旧幕府軍と官軍とが戦った戊辰《ぼしん》の役《えき》で、九人のフランス軍人を率いて幕府側につき、函館戦争にくわわったのが、このブリュネだ。

ルイが作成した士官学校の時間割りをじっと眺めていたら、とても面白いことに気づいた。士官学校の一学年、二学年という学年の名称として、彼は、このパリ理工科大学とおなじ語をつかっているのだ。

理工科大学は、学年の呼びかたがちょっと特殊で、分団（division）という語がつかわれていた。一学年は第二分団、二学年は第一分団と呼ばれた。この用語が、ルイがフランス語で書いた日本の士官学校の時間割りに、そのまま踏襲されているのである。

一九九九年十月十六日、理工科大学図書館のご好意で、わたしはこの大学の入学式に出席させてもらった。

キャンパスは、かつてはパリ中心部の陽気で騒がしい学生街だったが、いまはパリ南西部の静かな郊外、芝生や池があり、樹木が生い茂るひろびろとした場所だ。

ほかに言葉がないため、「入学式」という語をつかうことにしたが、実際のところは、新入生のおひろめのようなもので、式場は校庭だった。

秋空の美しい朝、校庭に、晴れ姿の新入生が整列している。黒の制服に、ボタンの金色とズボンの赤い線がはえる。女子はスカートをつけている以外は、制服はまったく同じだ。帽子も黒で、つばの両端が角のようにそりあがった二角帽。白い手袋をはめた手に、細い剣をさげている。

まずは、音楽隊の演奏と、学生のパフォーマンスだ。「武器を担え!」、「武器を捧げよ!」という号令にしたがって、新入生たちは剣を振る。

音楽がやんで一瞬シーンとしたとき、ドドドーン、空砲がなりひびき、屋上からヒラヒラしたものが沢山ふってきた。ドッと爆笑がおこる。落ちてきたのは、こともあろうに色とりどりの女物のパンティだった。

ブルーンブルーン、こんどは遠隔操縦の模型ヘリコプターが飛んできた。見ると、マネキンがつるされている。また爆笑がおこった。そのマネキンは軍服に身をかため、その上から女物のパンティをつけていたのだ。ヘリコプターは、式がおこなわれている校庭のどまんなかにストンとマネキンを落として、去っていった。

あとで聞いたのだが、これは、学生恒例のジョークだという。入学式にそんな茶化しを入れるのは、理工科大学学生の伝統らしい。このことを友人のフランス女性に話したら、「幼いわね、まるで高校生じゃない」、と顔をしかめた。文系の秀才たちには、あまり評判がよくないようだ。

式は、そのあとまた厳粛になり、大学側の訓辞があり、最後のしめくくりは学生たちの華やかな行進だった。

つぎは学内見学、それが終わって出席者全員が招かれたのは、何種類ものワインや、チーズ・ソーセージ・クラッカーなどがそろった祝賀会場だった。ワインで胃袋をうるおしてから、学生食堂で昼食。食堂は平常どおりなのだが、その日はレジがぜんぶ閉鎖されていて、誰でも無料で食事できるようになっていた。

学生食堂で、ニコラという新入生と同席した。十九歳だと聞き、若いのに驚いた。新入生といっても、入学の一年めは兵役なので、じつは二年生のこと、平均年齢は二十一歳くらいだ。ニコラの場合、とび級したそうだ。おかげで同級生から子どもあつかいにされて、友だちができずに悩んだ、とび級なんかすべきじゃなかった、そう彼は言う。

創立当初から、理工科大学は学生に給料（奨学金ではない！）を支払うシステムをとってきたが、現在はどのくらいの金額なのか、ニコラにたずねたところ、二年生で、一か月八千フラン（十三万円あまり）だという。全寮制なので部屋代は一か月三千円あまり、食費は一万七千円ほど、のこりの十一万円は自由に使える。さっそくコンピュータを買った、と言っていた。

理工科大学は、産業、行政機関、研究機関の最先端でリーダーとなる人材を養成する大学、とみずからを位置づけている。その設立は一七九四年、フランス革命の申し子という表現が、これほどあてはまる教育機関はほかにはないだろう。

理工科大学《エコール・ポリテクニーク》は、文字どおりに翻訳すれば、総合技術学校、軍事にせよ民間にせよどんな技術部門にも通用するエンジニアを養成する学校なのである。その時代では、きわめて斬新なこころみだった。

一七八九年のフランス大革命と、それにつづく動乱がもたらした荒廃で、公教育はほとんど崩壊していた。一七九三年一月のフランス国王の処刑に衝撃をうけたイギリス・プロイセン・オーストリアなどの国々が対仏大同盟を結成し、フランスは戦争状態にあり、築城など軍事技術のためのエンジニア養成は急務だった。

革命前に存在していたエンジニアの学校として、砲兵学校、工兵学校、鉱山学校、土木学校などがあったが、どの学校も機能停止に近い状態だった。なかでも深刻なのは、土木学校だった。というのも、そのシステムがちょっと変わっていたのだ。

この土木学校には、先生というものがいない。学内授業と学外授業とがあり、学内では、先輩が後輩をおしえ、学外では、生徒は高名な物理学者や化学者の家にでかけていって、直接おしえを受けるのだ。

だが、革命後の戦争のため、この学校のトップクラスの生徒が要塞建設などにかりだされてしまった。そうなると、先輩が後輩をおしえるという方式は機能しなくなる。新入生のために、準備学校が必要になってきた。そこから、じゃあその準備学校は、すべての分野のエンジニアに必要な基礎教育の場にしよう、というふうにふくらんでいった。

この新しい学校のプロジェクトを精力的にすすめたのが、世界的名声をもつ数学者モンジュであった。構想実現のための状況は悪くなかった。公教育の学校はほとんど閉鎖されていて、新しい学校の必要性は受けいれられやすく、すぐれた学者たちは失業状態だったため、教授陣として容易に逸材を集められたからだ。

新しい学校設立の法案を、一七九四年九月二十八日、国民公会は全員一致で可決した。入学の条件には、代数や幾何学などの学力にくわえて、フランス革命が生んだ共和制の原則、自由・平等・博愛にくみするという信条もふくまれていた。フランス全土から優秀な頭脳をあつめるために、入学試験は全国二十二の都市でいっせいにおこなわれ、合格者には、パリにくる旅費と、パリで生活するための給料が支給されることになった。

戦時下にあって、エンジニアや教師はすぐにも必要だった。新しい学校は創設したものの、第一期生が卒業するまでとても待ってはいられない。

ならば、新入生から最終学年までの学生を一挙にそろえてしまおう、という荒っぽい方法がとられた。一度に三年分の学生をとって、まず三か月の集中講義をする。その結果、それぞれのレベルに応じて、二年間の教育を必要とする学生、一年教育すれば十分な学生、ただちに即戦力になる学生、といった三つに分類するのだ。

当初の名称は、公共土木事業中央学校だったが、設立の翌年、理工科大学《エコール・ポリテクニーク》と改称された。

教授陣には、当時のフランス最高の学者たちが集められた。数学者のラグランジュやモンジュ、化学者のベルトレ、土木機械技術者のプロニなどなど、のちに科学史上に名をきざむ人たちが顔をそろえていた。

だが、設立ほやほやの理工科大学には、いくつもの難題が待ちうけていた。

革命と戦争で物資が欠乏しており、開講まぎわになっても教材がそろわず、学生ひとりひとりにコンパスを支給するのさえひと苦労だった。学生に対する給料は十分ではなく、最初の年は飢饉で、せっかく合格した学生の三分の一が、パリで生活してゆくことができなくなって郷里に帰ってしまった。おまけに、政治的混乱がしばしば講義を中断させ、学生たちは、政府に反対して武器をとるパリ市民の隊列にくわわったりした。

理工科大学はそんなふうにしてスタートしたのだった。その後、政治体制や社会の変化にしたがって変遷をとげてきたが、創立から二百年あまりのあいだ、科学技術のあらゆる分野にリーダーを送りこむ大学として機能してきたことだけは間違いない。

設立まもない十九世紀はじめ、一学年の人数は一三〇人ほどだった。ルイの時代一八七〇年の合格者は一五一人、その孫ピエールの時代一九三二年の合格者は二五〇人、そして、一九九八年の合格者は四〇一人だった。人口増を考慮にいれると、設立当初から学生数はそれほど大きくは増えていないことがわかる。

大学が大衆化し、フランスでも高等教育にすすむ若者がいまや五割をはるかにこえるなかで、理工科大学は少数精鋭の方針をとりつづけているようだ。

フランス式彩色地図

わがルイ・クレットマンに話をもどすことにしよう。

ルイが担当していた教科のなかでも、測量と地図作成は大きな比重をしめていた。地理《トポ》図学《グラフィー》の講義と、野外での実地にくわえて、十月半ばから四十日ほどにわたって千葉県の習志野原《ならしのはら》でおこなわれていた野営演習の際には、演習地の地図作成の指導という仕事があった。

生徒たちの技量に、ルイはかなり満足していたようだ。両親から、ドイツ軍の下士官が作成した実測地図が送られてきたとき、彼は、日本の生徒たちが、野営演習において作成した六方野の射撃演習場の地図のほうが、はるかに出来がいい、と答えている。

実際、この分野におけるフランス軍事顧問団の功績は、日本における地図作成の歴史に刻まれている。

顧問団によって日本にもたらされた地図は、「フランス式彩色地図」とよばれる。

これらの地図では、水田は黄色、果物畑は淡緑色、茶畑は茶褐色、草地は青緑というように土地利用が色でもって区別されており、しばしば地図の枠外に、道端にたつ社《やしろ》だの、山の峠だの、橋だの、渡し船の船つき場だのの精緻なスケッチがそえられていて、特徴的な風物がこまかくわかるようにできている。見た目にも美しく、芸術性がある。

このフランス式彩色地図が、最近、現代の観点から注目されているらしい。顧問団の指導をうけた明治の日本陸軍がこの方式で作成した地図が、一九九一年になって、復刻されたのだ。日本地図センターが出版した『明治前期手書彩色関東実測図』である。

日本におけるフランス式彩色地図導入の原典とみなされているのは、明治六年、顧問団のジュルダンの監修により、工兵士官小菅智淵《こすげともひろ》らが執筆した『地図彩式』という小冊子である。ジュルダンはルイの上官であり、小菅智淵は、第六章でふれるが、ルイも出席したジュルダン大尉の送別会で、まわりの全員を笑いの渦にまきこむようなダンスをやってのけた人物だ。

この冊子には、羊牧場の色、湿地の色、荒土の色といったぐあいに、さまざまな種類の土地を、どんな色彩で表現するかが、こまかく指示されている。

明治前期、陸軍によって作成された、これらのフランス式彩色地図は、その後、日本の軍制全体がフランス式からドイツ式にかわったことで、誰にも注目されなくなり、百年ものあいだ国土地理院の地図倉庫で眠っていたという。

『地図で見る百年前の日本』（一九九八）には、復刻されたフランス式彩色地図がふくまれている。こうした彩色地図は、「わが国近代の地図作成史の傑作といえる素晴らしいものである」、日本地図センター理事長の大竹一彦氏はそう解説している。「江戸時代の名残りを見せる明治前期の関東平野の土地利用・社会・風俗を知る有力な手がかりとなる、貴重なもの」なのだ。

思いがけない三つの発見

数学のテキスト『算学教程講本　代数学補』には、執筆者ルイの名とともに、翻訳者神《じん》保長致《ぼながのり》の名がしるされている。二次方程式の解の公式など、現在でいえば中学三年くらいまでに習う数学だ。文章による説明の多い、いかにもフランス的な理屈っぽい数学である。

この本を検討しているさなかに、思いがけない三つの発見をした。

第一の発見は、国立国会図書館に、マイクロフィッシュのかたちで保存されているルイが書いた、もうひとつ別の数学のテキストを見つけたことである。

その時代に、どんな数学の本が出されていたのか、国会図書館で調べていたら、明治九年発行の『算学講本』というのが目にとまった。陸軍士官学校編とあるだけで、著者名はない。

ちょっとのぞいてみるつもりで請求してみたら、なんと、ルイが上官ヴィエイヤールと共同で執筆したテキストだったのだ。翻訳者も、おなじ神保長致。まさかルイの本が日本の図書館で見つかるとは考えていなかったので、正直いって、すごく嬉しかった。

国会図書館所蔵のこの『算学講本』のほうは、市販もされていた。序文にこんなことが書いてある。このテキストは、論理的記述がくわしいうえに簡潔なため、評判がよく、あちこちからぜひ入手したいという要請がきたが、この学校の生徒にくばる分しか印刷されておらず、このため兵事新聞局が刊行することになった。

第一編から第五編までの五巻本で、出版は明治九年から明治十三年、数というものの定義や分数・小数など、数学の基礎の基礎からはじまって、平面幾何学・立体幾何学・三角法までの内容にわたっている。

第二の発見は、日本でもっともよく知られている数学史家、小倉金之助（一八八五―一九六二）の『数学史研究』のなかに、ルイの書いたこの『算学講本』が紹介されていることだ。明治はじめ、西洋の数学に関する出版物のほとんどは翻訳物だったという。そのひとつとしてあげられているのが、このテキストなのだ。

小倉金之助は、ルイの翻訳者だった神保長致についても書いている。神保は、明治前期を代表する数学者にかぞえられ、明治十年に設立された日本初の数学会（東京数学会社）の設立会員のひとりだったという。

日本の小学校教育において、1、2、3のようなアラビア数字を使った十進法による西洋式の算術が採用されることになるのは、明治五年（一八七二）。だが、はじめのうちは洋算に通じた教師がいなくて、洋算が実際にほとんどの小学校で教えられるようになるのは、そのずっと後の明治三八年（一九〇五）ころからだという。

そうした事情を考えあわせると、ルイが執筆した数学のテキストに外部からも注文がきたのも、当然かもしれない。

第三の発見は、ルイの書いた別の化学のテキストを、これもまた国会図書館で見つけたことだ。ルイの名を、カナ表記ではなく、屈烈多曼《クレットマン》と漢字表記にして著者名検索をしたところ出てきたのが、『化学教程』（無機化学）。訳者はやはり山口知重だが、出版年は、ルイが帰国した四年後の明治十五年である。

数学や化学だけでなく、他の科目についても、ルイが士官学校のために執筆したテキストは、明治十年（一八七七）に設立された東京大学が軌道にのる以前の日本における科学教育の様子を現代に伝える素材のひとつになりうるだろう。

ドイツ化への傾斜

日本陸軍がフランスをモデルとしていた時代は、さほど長く続いたわけではなかった。さきほどもふれたように、まもなく、陸軍の兵制はドイツ式に切りかえられることになる。じつのところ、ルイは、日本陸軍に対するフランスの影響がつよかった時代の最後の士官のひとりだったのだ。

ルイが帰国するのは明治十一年（一八七八）五月だが、おなじ年の十二月、陸軍はターニング・ポイントをむかえる。

当時のドイツにならって参謀本部が設置され、軍の最高指揮権（統帥権《とうすいけん》）が一般の国務から独立して、天皇直属のもとにおかれたからだ。参謀本部は、必要とあらば、時の政府とは独立して決定をくだし、直接天皇に上奏することができる。つまり、軍隊が、政府や議会のコントロールの外におかれたのだ。のちに起こる軍部の台頭の布石が、ここで打たれたのであった。

ちなみに、ドイツは第一次世界大戦まで、そして日本は第二次世界大戦まで、こうした統帥権独立の制度のもとにあった。

ルイが日本を去ってから二年後には、ミュニエ顧問団長も日本をひきあげ、他のメンバーも、契約期間を終えてつぎつぎに帰国した。フランス人士官はその後も来日してはいたが、それはささやかなもので、陸軍は急速にドイツ化してゆく。

それにしても、なぜ明治新政府は、フランスから軍事顧問団を招致することにしたのだろうか。その経緯については、篠原宏の大著『陸軍創設史　フランス軍事顧問団の影』に、つっこんだ分析がなされている。

近代的な軍隊のモデルとしてフランスを選んだのは、もとはといえば徳川幕府だった。最初のフランス軍事顧問団が来日したのは、一八六七年（慶応三年）一月。だが、その翌年、幕府は倒壊し、明治新政府が誕生、フランス軍事顧問団は解散となった。

旧幕府軍と官軍とを対決させた戊辰《ぼしん》戦争において、幕府側の主力となるのは、わずか一年たらずのあいだにフランス軍事顧問団によって育成された部隊であった。そのリーダー格だったブリュネは、九人のフランス軍人を率いて、自分が手塩にかけて育てた兵士たちと行動をともにすることを選択し、幕府側の軍に加担した。

そんなわけだから、明治政府のフランスに対する心証はよいものであったはずはない。にもかかわらず、新政権は、それまで藩によってまちまちだった兵制を統一するにあたって、陸軍はフランス式、海軍はイギリス式という方針をはやばやと打ちだした。

フランスから教官を招くというのが、結局のところ、明治新政府にとっていちばんの近道だったようだ。幕府時代のフランス軍事顧問団の教え子たちがいたし、そのときに培われた日仏間の人脈もあり、幕府のフランス語学校で学んだ通訳もいた。つまり、新政府はゼロからのスタートではなく、幕府時代の産物をリサイクルする道をえらんだのだ。

たとえば、さきほどふれたフランス式彩色地図の導入に貢献した小菅智淵は、幕府時代にフランスの兵学をまなび、旧幕府軍にくわわって官軍とたたかい、函館戦争まで頑張りとおした男だった。捕えられて入牢するが、その後、明治政府が設立した士官学校の中心メンバーのひとりとなる。こうしたケースはひとつやふたつではない。

だが、間がわるいことに、明治政府がフランスに軍事顧問団派遣を要請した一八七〇年

（明治三年）、独仏戦争（普仏戦争）がおこり、ナポレオン三世のフランスは、鉄血宰相ビスマルクの指揮するプロイセンに敗北する。破れたフランスでは帝政が崩壊するいっぽう、勝利したプロイセンはドイツ統一に成功、一八七一年、ドイツ帝国が成立した。

独仏戦争のおりに、のちの陸軍卿山県有朋はヨーロッパを視察、この戦争をまのあたりにして、ドイツ軍の優越を実感していたという。日本陸軍がやがてドイツ化の道をたどってゆくのも、ある意味では、当然のなりゆきだったのかもしれない。

この戦争は、ルイ個人にとって、人生を左右する重大な出来事だった。生まれ育ったストラスブールは、フランスの降伏でドイツに割譲され、彼はフランス国籍をすてないために、故郷をすてなければならなかった。このことは、次章で語ることにしよう。

お雇い外国人のふところぐあい

よく、お雇い外国人はたいへんな高給とりだったと言われるが、実際どのくらいの金額だったのだろうか。ルイがパリで日本側とかわした契約書がつい最近発見されたことは前にのべたが、ここには、フランス軍事顧問団のメンバーの給料もしるされている。

この契約書によれば、団長の給料は一か月六五〇ドル、大尉は三八〇ドル、ルイのような中尉は三二五ドル、下士官や現業員は一六五ドル。この時代の一ドルはほぼ一円なので、ルイの月給は三二五円ほどだったわけである。ただし、日本滞在ちゅうに中尉から大尉に昇進するので、そのとき給料もあがったはずだが。

比較対照のために、岩崎爾郎著の『物価の世相一〇〇年』から、当時の日本人の給料にかんする数字をいくつか借用しよう。

明治四年、太政大臣《だいじょうだいじん》(いまの内閣総理大臣)三条実美《さんじょうさねとみ》の月給は、八百円。明治九年、創立されたばかりの三井銀行頭取の月給は、六百円。

フランス軍事顧問団長の給料は、内閣総理大臣ほどではないが、銀行の頭取よりは高い。三井銀行では、ランクがひとつあがるごとに五十円きざみで月給に差がつくという給与体系なので、ルイの給料は、この銀行の六番めくらいのランクの月給に相当する。

ひとつ考慮に入れなければならないのは、当時の賃金格差は現代では考えられないほど大きかったこと。明治六年、東京・下谷の区役所ではたらいていた小使《こづかい》の月給は五円。銀行の頭取は、区役所の小使の一二〇倍の給料、内閣総理大臣なら、一六〇倍もの給料をもらっていたのである　そうしたことを考えあわせると、フランス軍事顧問団のメンバーの給料は、日本の上流階級なみ、ふつうの庶民からすれば、大変な高給とりである。

ただ、日本に住む外国人はなにかと出費のかさむ生活をしていたことも確かだ。新聞の購読料ひとつをとっても、『横浜毎日新聞』ならば、年間購読料は六円だが、横浜で発行されていたフランス語の新聞『日本のこだま《レコ・デュ・ジャポン》』だと、二十円もした。一般的に、この時代、日本で西洋式の生活をすることは非常にお金のかかることだった。お雇い外国人の給料は、彼らにとって、使いでは額面ほどではなかったのかもしれない。

といっても、旅費や住居費の面での条件は悪くない。ルイの契約書によれば、フランスを出発する前に日本側が支払う行きの旅費は、士官だと千円、下士官なら六百円。転居費として、士官は四百円、下士官は三百円。任務を終えて帰国するときの旅費として、行きとおなじ額をうけとることができる。

明治の日本に滞在したフランス人の多くは、アメリカ経由の帰国の旅をたのしみにしていた。行きはフランス船でマルセイユから横浜まで航海し、帰りはサンフランシスコまで船、汽車でアメリカ大陸を横断してヨーロッパへ。これが定番のコースだったらしい。

当時のアメリカ旅行の費用はどのくらいだったのだろうか。フランス語の新聞『日本のこだま』には、よくアメリカ船の広告が載っている。明治九年、横浜からアメリカ経由でパリまで行く場合、ファースト・クラスで、鉄道料金をもふくめて四百四十円ほど。ルイは、アメリカ経由で帰国した先輩に問い合わせるなどして、アメリカ旅行事情について情報をあつめていたが、交通費にくらべて、滞在費がかなりかさむようだった。

お雇い外国人として日本で生活したフランス人にとって、帰りのアメリカ旅行は、もしかしたらもっとも大きな役得だったのかもしれない。

最大の楽しみ、バカンス

春の復活祭と夏休みという、年に二度のバカンスは、日本での生活における最大の楽しみだった。国内を旅するチャンスだからである。

幕府時代、オランダ商館付医員として日本を旅したケンペルやツンベルグやシーボルト、明治の日本をあるきまわった英国公使アーネスト・サトウ、こうした人たちの紀行文に目をとおすと、彼らの旅はおもに調査旅行だったことがわかる。

ルイの場合は、これとはちがい、旅はバカンスだった。旅で遭遇したことがらを、両親や弟にあてた手紙に、こまごまと綴ったものだったが、それを旅行記として発表しようという意図などまったくない。前にもふれたが、彼の日本からの手紙のことを知ったストラスブールの出版社が、雑誌掲載を提案してきたとき、それはルイを不快な気持ちにさせただけだった。

ルイは、おそらく、楽しむために日本を旅した最初のヨーロッパ人のひとりだったのだろう。彼は休暇のたびに国内のあちこちに足をはこぶのだが、なかでも、新鮮な好奇心が息づいているのは、日本にきてはじめての復活祭の休暇におこなった箱根旅行である。この明治九年（一八七六）、外国人はまだ日本国内を自由に旅することができなかったが、日本の当局が下田までの旅を許可するパスポートを発給してくれた。このパスポートのことを彼はフダと呼んでいた。

道連れは、士官学校の教師仲間のブゴアンとビエ、若者三人の旅である。このうち、ルイとブゴアンは、日本にきて日が浅いが、ビエは少しばかり先輩格で、もう一年ほど東京に住んでいる。

ブゴアンは、その三十年後、日露戦争さなかの日本で大事件の渦中の人となる。ロシアのために諜報活動をしたという容疑で投獄されるのだ。彼の逮捕は東京在住の外国人たちを騒然とさせた、ドイツの医学者ベルツは日記にそう書いている。だが、ルイとともに、国内旅行に胸をふくらませていた若きブゴアンが、将来のそんな災難を知るよしもない。

ルイの旅は、つねにパンとワイン持参の旅だった。それにくわえて、行くさきざきの土地の産物を料理するための調理器具や調味料を持っていったものだ。この二週間ほどの箱根の旅には、パン二十五日分、ワイン二十四本、それにジャガイモを用意した。たいへんな荷物をかかえながらの旅である。

お供をふたりつれてゆくことになった。ひとりは、旅先で食事をつくってくれる料理人。もうひとりは、ルイの小使《こづかい》、少しばかりフランス語ができる男である。

その四年ほど前、東京と横浜とのあいだに鉄道が開通していたので、神奈川までは汽車、ここから、人力車で東海道をゆくのだ。六台の人力車が必要だった。ルイ、ビエ、ブゴアンの三人の若者とお供二人であわせて五台、食糧や荷物のためにもう一台。

最初の宿泊地は、小田原。出発点の神奈川からここまで約五十四キロの道のりだが、車夫は交替することなく最後まで同じ人が人力車をひき、その健脚ぶりが三人の若者を驚嘆させた。ヨーロッパではとても考えられないことだった。

小田原で、ルイは日本の湯の初体験をする。老いも若きも、男も女も生まれたままの姿でいりまじって湯につかっていた。ヨーロッパ人がどぎもを抜かれるようなシーンだが、ここでは眉をひそめる者など誰もいない。何人かの女が、湯につかっているルイたちを観察しようと近寄ってきた。女がひとり湯からあがると、一糸まとわぬ格好で通りにでて、平然と家に帰っていった。

日本における混浴の習慣が、幕末から明治にかけて来日した外国人を仰天させたことはよく知られている。現代人の目からすれば、びっくりするような習慣ではないかもしれないが、十九世紀の西洋は、裸体の禁制がもっともきびしかった時代である。日本の開国が、ちょうどその時期にあたっていたために、こうした風習は驚天動地だったのだ。

ついでに言えば、ローマ時代の浴場は混浴だったし、ヨーロッパでは長いあいだ川での水浴は裸があたり前だった。十七、十八世紀のパリでは、セーヌ河での裸体の水浴を取りしまるために罰金や禁錮刑まで科されたが、この習慣はなかなか消えなかった。

明治元年、神奈川県は、薬湯の男女の浴槽を区別すべしとの布達をだした。東京でも混浴は明治三年に禁止されている。

『横浜市史稿　風俗編』によれば、男湯と女湯の浴槽を区別するといっても、当初は板一枚のかたちだけの仕切りで、男湯で手足をのばせば女湯までとどき、もぐりこめば両方を簡単にゆききできるようなものだったという。明治五年、ふたたび禁令がでて、風呂の設備についてのことこまかな指示があたえられた。

だが、ルイが旅した明治九年、小田原の湯は、そんな禁令もどこ吹く風といったふうだった。外国人居留地のある東京や横浜ではちゃんと衣服をつけている車夫たちも、いったんその外に出てしまうと、窮屈なものは脱ぎすてて、フンドシひとつになっていた。

小田原を出るといよいよ箱根。人力車でゆけるのは湯本までで、そこから、東海道の難所、箱根の山路に入るのだ。

この時代の箱根には、まだ駕籠《かご》が存続していた。駕籠というと、大名や貴人がのるような高級な乗りものを想像してしまいがちだが、ルイが手紙でえがいている駕籠は、それとはまったく別のもの。竹で編んだまるい台に四本の綱をつけ、それを大きな輪でまとめ、その輪に竹の棒をとおして、ふたりの男がかつぐ、というものだ。

江戸時代に愛読されたと言われる『東海道名所記《とうかいどうめいしょのき》』の箱根の個所に、ルイの手紙に説明されているのとそっくりな駕籠の絵をみつけた。この絵をみて、彼が言っていることが、なるほどと納得できた。

その駕籠は、ルイにとって、とうてい乗る気をおこさせるものではなかった。直径六十センチほどのスペースに、膝をまげて座るのが苦痛なばかりか、棒につるされて、荷物のようにはこばれるのは、屈辱的だ。そのくらいなら汗を流して歩くほうがましだった。

結局、お供のふたりと荷物は、駕籠に乗せてもらい、ルイ、ビエ、ブゴアンの若い三人は徒歩で山を登ることになった。雇主のほうが徒歩で、雇われている料理人と小使のほうが駕籠というのは、どことなくユーモラスだが、これがこれから先の彼らの道中のパターンとなるのだ。

だが、箱根路のきつさは、ルイの想像をはるかに超えていた。坂道が急なだけではなく、道に敷きつめられた不揃いの石畳が、歩くのをいっそう困難にしていた。石はかたちもサイズもまちまちで、まるで落石のあとのように見えた。

山口由美著『箱根人の箱根案内』によれば、幕府は江戸をまもるために、箱根山を簡単に越えられないよう、意図的に石畳をデコボコにしたのだという。

三人は、ときにはほとんど四つん這いになり、息をぜいぜいさせながら、坂道をよじ登る。だが、そんな険しい山道も、駕籠かきたちにはまるで苦にならないようだった。石から石へと軽やかに飛びわたる、その疲れを知らない姿を、彼らは賞賛の目でながめた。

登りきったところで、精根つきはてて、大きな石の上にどさっとねころがった。くだりも同じような石畳だった。坂をくだりきると、いっきょに視界がひらけ、広大な芦ノ湖の絶景がひろがっていた。

ルイが体験したこの箱根路のきびしさを、当時のように味わうことは、いまではたぶん難しいだろう。箱根旧街道には現在でも石が敷きつめられているが、昔の石畳がそのままのこされているのは、ごく一部にすぎない。

とくに、難所ちゅうの難所といわれたカシの木坂は、いまはコンクリートの階段だ。往時の坂道の過酷さをとどめているのは、この階段の急な勾配だけである。むかしの旅人にとって、この坂がどれほど辛いものだったのか、江戸時代の『東海道名所記』にこんな歌がしるされている。

樫《かし》の木の　さかをこゆれば　くるしくて　どんぐりほどな　涙こぼるる

ドングリという愛嬌のある語が、旅人の涙をユーモアでつつむ。ドングリとはカシなどの木の実の総称、カシの木にドングリをうまくひっかけたものである。

ルイの一行は、まず芦ノ湖畔の柏屋という老舗の宿で旅装をといた。それから、箱根のあちこちを探訪し、鉄泉や硫黄泉などありとあらゆる種類の湯をあじわった。

とくに印象ぶかかったのは、早川渓流ぞいの三つの温泉地、宮の下、底倉《そこくら》、木賀《きが》だった。趣ある木造の家、渓流の澄んだ水、しぶきをあげる滝、そんな景観もすばらしかったが、とくに宿の女中さんたちの接待が最高だった。二週間ちかくの旅で、いろいろな宿の世話になるのだが、おカネさん、おコウさんなどと、ルイが女中さんの名を日記にしるしたのは、宮の下の宿だけである。

箱根から熱海に行った。ブゴアンは休暇が短いので先に帰り、一行は四人になっていた。熱海から下田にむかうというのが、当初の予定だった。だが、この予定はふいに変更されて、大島ゆきが決まる。

熱海の宿でじっと海を眺めていたら、ビエが、あの島にいってみようよ、と言いだしたのだ。西洋人にはほとんど知られていない神秘につつまれた島。海は青く澄みわたり、風もほとんどない。舟と漕ぎ手をチャーターするのに、さほどの時間はかからなかった。料理人と小使は、海がまったく未経験でひどくこわがったが、しぶしぶ同意した。大島までの舟のチャーター料は、八円五十銭だった。

翌日、早朝、大島にむけて出発した。漕ぎ手は五人で、ルイの一行は四人、それに、ルイたちが舟を借りたことを知って同乗をねがいでた大島の夫妻、全部で十一人である。それだけでほぼ満員になるほどの小さな舟だった。

途中で、たくさんの漁船に出会った。夜の漁を終えて、帰る途中だったので、ルイたちは海上のまっただなかで魚を売ってもらった。潮の流れにつかまって舟が流されてしまい、大島まで十二時間もかかった。到着したのは、大島の中心地、新島村であった。現在は元町と呼ばれているが、明治四十二年まではこの名称だった。

浜辺に舟が着くや、この珍しい外来者の姿を一目みようと、村じゅうの人が総出でとびだしてきた。ルイ一行が陸にあがると、彼らはワアーッと叫び声をあげてクモの子を散らすようにいっせいに逃げだした。

村には宿屋というものがなく、ふたりの若者は、フダ（パスポート）を見せて、村長（戸長）に面会をもとめた。結局、村長が自分の家に泊めてくれることになった。

村長の家には、美しい娘さんがふたりいて、蚕の飼育にいそしんでいた。娘たちは島の言葉しか知らず、東京の言葉はまったく通じなかった。長身で、かたちのよい黒い目をした島の女は、ルイの目には新鮮な魅力があった。

翌朝、案内人をひとりたのんで、三原山の登山に挑戦した。山すその一帯にひろがるツバキは見事だった。こんなにツバキが群生しているのを、はじめて見た。地面にも落花した赤いツバキがちりばめられていた。

海抜五〇〇メートルくらいまでくると、いちめんに生えた五十センチほどの低木に難儀させられ、それが終わったかと思うと、こんどは露出したデコボコの山肌に悩まされた。

さらに登ってゆくと、ふいに広大な円形が眼前にあらわれた。外輪山のふちにきていたのだ。直径は四キロほどもあろうか。ふちに立って見おろすと、深さ二〇メートルくらいの窪地になっていて、そこに溶岩と灰が堆積しており、真ん中に、黒ずんだ円錐形の内輪山がつきだしている。内輪山のてっぺんが火口だ。

火口まで行くには、まず外輪山の窪地をくだらなくてはならない。内輪山のふもとにつくのに一時間、そこから火口まで登るのに、さらに一時間かかった。案内人はよほど疲れたらしく、途中でとどまって待っていることになった。

火口は、直径は少なくとも二〇〇メートルくらい、深さは二五〇メートルくらいだろうか。底のほうで三つの孔から煙が吹きだしているのが見えた。ひどく急勾配なので、火口に降りることは断念し、まわりを一周するだけにしたが、火山灰と溶岩のなかをあるくのは容易でなく、硫黄でブーツがまっ黄色に染まった。

下山しはじめたときには、くたくただった。案内人が、人の住む自然の洞窟を見せてくれた。髪を編んだ、裸にちかい格好の少女が、洞窟の入り口に立っていた。そこには少女の一家が住んでいるのだという。だが、ルイは、疲れはてて、体じゅう灰まみれで、喉はからからに渇き、とても興味をもって観察する気にはなれなかった。

お供の料理人は腕がたしかなうえ、機転のきく男で、そのときどきに入手できる土地の素材をいつも上手に料理したものだった。この日の昼食には、新鮮なイセエビがたらふく食べられ、木の棒をもちいて焼いたキジの肉が堪能できた。


翌朝、悪天候だったが、予定どおり下田ゆきを決行することにした。だが、港を出たとたん、下田までゆくのはとうてい不可能だ、と船頭に告げられた。実際、風は強くなるいっぽうだった。つぎつぎに襲ってくる大波に舟は激しくゆさぶられ、マストは倒れ、しぶきは容赦なく頭上に降ってくる。

舟は風と波に翻弄されつづけ、お昼ちかくになってやっと着いたのが、伊豆半島・川奈《かわな》の入り江。まったく聞いたことのない地名だったが、目的地の下田よりずっと北の海岸に着いてしまったことを知った。ルイたちは、とりあえず村長の家に行った。川奈は、いまは伊東市に属しているが、当時は独立した村だった。

川奈から北にのぼって、まず韮山《にらやま》まで行くことにした。沼津はその目と鼻のさき、沼津から箱根にもどり、箱根から東京に帰る、ということに決まった。

村長の家の台所を借り、料理人がありあわせの材料で手ばやく昼食をつくった。この小さな村には、駕籠もなければ馬もない。村長の奥さんが、ルイ一行の荷物をはこぶ人足をよぶために、ボォーッボォーッと貝の笛をならした。だが、この笛の音を聞きつけて、ぞくぞくと集まってきたのは、子どもたちと野次馬ばかりだった。彼らの好奇の視線をあびながら昼食をとるのは、あまり愉快なことではない。

二時間ほどして、男女四人の人足がやってきた。ルイたちと男女の人足という珍妙な一行は、川奈を出発し海岸ぞいの道を四キロほどあるいて、和田に到着。ここで、駄馬を二頭確保できたものの、すぐにきたのは一頭だけで、もう一頭はあとでくるという。最初の一頭に料理人が食糧とともに乗り、ふたりの若者はそのうしろをあるき、小使は二頭めの馬を待って、荷物とともにあとを追う、ということになった。

下多賀《しもたが》（いまは熱海市内）まで海岸ぞいを行き、そこから山地にむかう。川や滝があり、たくさんの水車がまわる美しい渓谷だった。けれど、峠に着いたところで、いきなり大粒の雨が降りだした。そこから浮橋村へとくだってゆく山路も絶景だったが、いつのまにか夕闇がたちこめ、雨足はいっこうにおさまらない。

浮橋村をすぎ、もうひとつの山の峠にさしかかったとき、日はとっぷりと暮れていた。

先頭が料理人をのせた馬、つぎにビエ、そのうしろを行くのがルイ、前をあるくビエの白い帽子以外はもう何も見えない。

運よく一軒家をみつけ、そこでちょうちんを借りることができた。家人の説明では、あと一・二キロで韮山《にらやま》だという。だが、どしゃぶりの夜、ごつごつした岩があるかと思えば、一歩ごとに足が埋まりそうな泥道のある一・二キロの行程は、おそろしく長いものだった。沈みがちな気分をひきたてるために、ふたりして大声をはりあげて歌をうたったが、あまり効果はなかった。

ようやくのことで韮山の宿屋に到着した。全身から水がしたたり落ちていた。宿の主人がキモノをかしてくれて、窮状から救われる。はじめてのキモノだったが、女たちがよってたかって着せてくれ、悪い気分どころではなかった。

韮山から東京への帰途には、特別なパプニングはなかった。ただ、十二日間の旅で、ふたりとも服が真っ黒に汚れ、ひどい格好をしていたので、明るいうちに東京に帰るのははばかられた。神奈川のひとつ手前の保土ヶ谷で時間つぶしのために食事をし、夕方六時の汽車にのり、夜のとばりの下りた東京に着いた。カモンサマ屋敷に直行し、夕食が終わってコーヒーを飲んでいる同僚たちに合流し、旅の自慢話に花を咲かせたのであった。

その年の八月、たっぷり一か月の夏休みに、思いっきり遠出をして、仲間たちと三人で船で九州まで行き、帰途の旅で京都・大阪見物をしようという大計画を立てた。横浜からゲンカイ丸という日本船で出発。神戸、下関を経由して、長崎までの五日間の船旅は、暑さと船酔いに苦しめられ、食べ物が口にあわず、さんざんだった。

だが、丘陵の街、長崎の絶景には驚嘆させられた。「ナポリよりずっと美しい」、ルイは手紙にそう書いている。けれど、長崎から乗った船のなかで、間擦疹《かんさつしん》という皮膚炎にかかってしまった。ズボンの上からノコギリをかけられるようなひどい痛みで、旅の続行が不可能となり、ひとりだけ横浜に帰ってきた。

おあずけになった京都・大阪めぐりをはたしたのは、翌明治十年春の復活祭の休暇だった。だが、ときまさに西南戦争のさなか、横浜から出航した船には、神戸にむかう九百人の日本の兵士が同乗しており、身動きもできない。彼らのほとんどが船酔いをしていたという。

とはいえ、京都では、清水寺、南禅寺など沢山のお寺をあるきまわった。箱根の旅をつづったルイの手紙には、冒険談を自慢げに話す若者の雰囲気がにじんでいるが、逆に、京都の寺を国もとの父母や弟に説明する手紙には、一度も見たことのない人たちに何とか正確にえがいてみせようというエンジニアの顔がのぞいている。

それから百二十年の時が過ぎた一九九八年、孫ピエールがはじめて日本を訪問したとき、祖父ルイの足跡を追って京都や箱根を旅した。箱根では、祖父が泊まった宿屋について調査をここみた。

投宿した富士屋ホテルがこの調査に全面的に協力してくれ、そのおかげで、芦ノ湖畔で祖父が泊った柏屋の跡地をたずねることができた。箱根駅伝記念碑と隣り合わせの地所だ。いまはレストランとみやげ物屋がたっていて、往時をしのばせてくれるのは、広大な芦ノ湖のみであった。

第五章　失われた故郷ストラスブールと埋れた日本の記憶

名門のパリ理工科大学時代。左から二番目の長身の学生がルイ。
受験の日、ストラスブールには砲撃が迫りつつあった。

八十年後にはたされた遺書

祖父ルイの日本滞在の記録が眠っているレマン湖の家の調査に、ピエールが着手したばかりのころだった。祖父が、死の二年前、自分の子どもたちに宛てて書いた遺書がでてきた。彼はガンにおかされており、おそらくそのことを知っていたのだろう、死期が近いことをはっきり意識して書かれたものである。

故郷ストラスブールの博物館に、自分の制服を贈ってほしい、遺書にはそうしるされている。彼に制服の寄贈を依頼してきた博物館側の手紙もみつかった。

この遺書が書かれたのは、一九一二年。ストラスブールは、その四十年前の独仏戦争でのフランスの敗北により、ドイツ領となっていた。失われた故郷の博物館に、自分の制服を贈るという、なみなみならぬ思いがこめられた遺書だった。

祖父の遺書の発見は、孫ピエールをストラスブールへの旅にいざなう。一九八〇年代の終わりころのことだ。だが、この博物館に祖父の制服はなかった。そもそも寄贈されたという記録そのものが見当たらない、博物館長はそう言う。さっぱりわけがわからなかった。

それから四年ちかい年月が流れて、この謎が解けることになる。

レマン湖の家から「ルイの制服」というラベルのついたカギがでてきて、それがひとつの衣装箱の鍵穴にピッタリはまった。開けてみると、祖父ルイの制服がびっしり詰まっていた。つまり、制服は博物館に贈られていなかったのである。

ルイが亡くなったのは、第一次大戦が勃発した一九一四年、おそらく戦争のどさくさで彼の遺言は忘れられてしまったのだろう。だが、この祖父の願いが、孫ピエールの手で実現されることになった。一九九二年九月、この博物館において、親族二十人ほどの出席のもとに、八十年前に贈られるはずだったルイの制服の贈呈式がおこなわれたのだった。

「八十年後にはたされた遺言……」、そんなタイトルで、ストラスブールの地方紙はこの感動的な出来事を報じた。

ストラスブールは、フランス東北部アルザス地方のセンター。この地方の東側はドイツとの国境をなすライン川、西側はヴォージュ山脈だ。いまでは、欧州議会や欧州人権裁判所がおかれたストラスブールは、独仏の和解と欧州統一を象徴する都市となっている。だが、かつては、フランスとドイツの紛争のたびに、まっさきに戦禍にさらされたのが、ここであった。

ルイが日本滞在中につけていた日記以外に、もうひとつ、彼の若き日の日記がみつかっている。独仏戦争のまっただなか、プロイセン軍包囲下のストラスブールでつづられたものだ。戦渦のストラスブールの記録と明治日本の滞在記録、一見あまりにもかけ離れたものに思えるこの二つの事柄が、ルイという一個人の人生においては、ひとつのつながりをもつのだ。

ストラスブール包囲は、ルイの人生をかえた歴史的事件だった。しかも、彼が明治の日本から持ち帰った資料が、百年あまりのあいだ人目にふれることがなかった理由の一端は、この出来事にある。だが、これについては最終章でふれることにしよう。

砲撃の迫る街での受験

独仏戦争がおこったのは、一八七〇年（明治三年）、ルイが日本にくる六年前のことである。このとき、彼は十九歳、パリ理工科大学《エコール・ポリテクニーク》受験を目前にひかえていた。

フランスがプロイセンに宣戦したのは七月十九日、いっぽう、理工科大学の筆記試験の日程は、八月五日、六日、七日の三日間だった。

この筆記試験は、フランス全国十八の都市でおこなわれることになっており、ストラスブールもそのひとつ。筆記に合格した者だけが、パリで口述試験をうけるのである。

開戦を知ったとき、ルイはちいさなノートに、「宣戦の布告、街に不穏な空気」、としるした。なにかの予感から、おこりつつある出来事を記録しておく必要にかられたのだろう。最初は、日付を書くこともせず、まだ日記とよべるものではなかった。

理工科大学はフランス全土でえりすぐりの秀才たちが受験する大学だ。試験の日がせまり、気持が張っていくと同時に、戦争の不安も高まっていった。

試験科目は、数学、デッサン、淡彩画、フランス語、画法幾何学など。

理工系の大学になんでデッサンや絵の試験？　と不思議に思うかもしれないが、物体の輪郭や細部をつかみとって表現する力をやしなうために、デッサンは重視された科目だった。この時代の授業には、風景画や裸体画の練習もあった。絵で物体を正確にあらわす能力は、建物や機械の設計や地図作成などに役立つと考えられていたのだ。

試験時間は、数学、フランス語、デッサン、画法幾何学は四時間、淡彩画は三時間。そうとうきついスケジュールである。そんな試験を前にして高まっていく緊張と、近づきつつあるプロイセン軍の足音、それはルイにとって同時的に進行していた。

八月四日、試験の前日、フランスは最初の国境戦に破れて、プロイセン軍はアルザス地方に侵入した。

この日から、ルイのノートははっきり日記のかたちをとる。自分がこのノートにこれから何をしるすことになるのかが、もちろん予測できるはずはなかったが……。

八月五日。理工科大学入試の第一日め、プロイセン軍はアルザス地方北部の国境をこえており、ストラスブールは陰鬱な空気につつまれていた。

なにもかもが混乱していた。試験会場は県庁舎、試験開始は朝七時のはずだったが、その時間になっても、会場は閉ざされたままで、受験生は門前ばらいを食うかっこうになった。夕方、ようやく試験がはじまった。夜おそく試験が終わったとき、遠くで砲弾の音がしていた。はじめて耳にする爆発音だった。

街では、いろんな情報が錯綜していた。最初、プロイセン軍が撃退されたという噂がとびかった。つぎに、敗退したのは、マクマオン元帥指揮下のフランスの部隊だというニュースが流れた。プロイセン軍は東側からライン川をこえ、もうそこまできているという噂もとんだ。だが、そうではなく、敵は北から侵攻しており、ストラスブール北方二十八キロのアグノーまで軍をすすめたようだった。

負傷したフランス兵を乗せた馬車が、はじめてストラスブールに避難してきた。非常事態を告げる太鼓の連打が街にひびきわたり、いっとき、人びとはパニックにおちいった。そんなふうにして、試験の第一日めは終わった。

試験の二日めも、三日めも、負傷兵と敗残兵は波のようにストラスブールの城門をくぐった。フランス軍は交戦のたびに退却をくり返し、プロイセン軍は一歩、また一歩と迫っていた。

理工科大学の三日間の筆記試験が終了したのは八月七日、その三日後の八月十日、すでにプロイセン軍はストラスブールを包囲しつつあった。

一八七〇年の独仏戦争は、ドイツ統一の布石を着々とかためてきたビスマルク指揮下のプロイセンと、ヨーロッパにおける優越性の確保に汲々とするナポレオン三世のフランスとを衝突させた戦争であった。

ビスマルクを首相とするプロイセンは、武力をバックにドイツ統一をすすめていた。対デンマーク戦、対オーストリア戦に勝利することにより、プロイセンを主導とする北ドイツ連邦が結成されるにいたった。いまや、めざすは、南ドイツ諸邦国をもふくむ統一の達成だったが、そのためには南ドイツからフランスの影響力を排除しなければならない。いっぽう、フランスにとって、プロイセン勢力の拡大は脅威だった。

戦争の直接のきっかけとなったのは、スペイン王位継承問題であった。

一八六八年、スペイン革命がおこり、女王イサベル二世はパリに亡命。新国王の候補にあがったのが、プロイセン王族のレオポルトだった。フランスにとっては、プロイセン王室の血をひく者がスペイン国王の座につくことは穏やかでなく、強硬に抗議して、これを撤回させた。

だが、フランスはそれだけで満足せず、今後ともレオポルトをスペイン王位の候補にはしないという確約を、プロイセン国王からとりつけようとする。国王は、フランスのこの要求をしりぞけ、事情をつたえる電報を首相ビスマルクに送る。ビスマルクは、この電文に手をくわえ、フランスを侮辱する内容にかえて公表した。

これにより両国の世論が沸騰、激怒したナポレオン三世は、プロイセンに対して宣戦を布告した。こうして火がついたフランスとの対決は、プロイセンを中心とした、南部をふくむドイツ全域の結束を可能にしたのであった。

いっぽうフランス側を支配していたのは大きな混乱で、ドイツと隣接するアルザス地方北部には防備らしい防備さえしかれていなかった。プロイセン軍は、南ドイツ・バーデン大公国の援軍とともに、なんなく国境を突破してアルザス地方に侵入したのだった。

アルザスの中心地ストラスブールは、当時、その周囲が城塞で防御された都市で、七万の人口を擁していた。

一八七〇年八月十日、ストラスブール包囲ははじまっていた。最初に砲撃されたのは北部城門付近だったが、まもなく街の全域がターゲットに入っていく。

五万をかぞえる包囲軍に対して、ストラスブール城塞を守る部隊は一万人ほど、城塞に設置されていた大砲は、口径も不揃いで、古いタイプのものがほとんどだった。

包囲下のストラスブール

ルイの身辺にはじめて砲弾がとんできたのは、八月十五日であった。日中は、陰気な静けさが街をつつみこんでいた。夜十一時半、ルイは眠りについたばかりだったが、ものすごい音にとびおきた。家のすぐ近くで、砲弾がつぎつぎに炸裂していた。貴重品だけをもって、家族みんなで地下室に逃げこんだ。

かつて、ストラスブールでは、どの建物も、食料やワインを貯蔵するための地下室をもっていた。ひとつの建物には、多くの場合、複数の所帯が入っており、地下室はこれらの家族の共用だった。こうした地下室の一部はいまでも残されている。

一九九八年秋、わたしは、ストラスブールでそんな地下室のひとつを見学させてもらった。中庭から急勾配の階段をおりてゆくと、がちっとした石の壁の、深くて薄暗い穴ぐらにいたる。地下室というより、地下壕といったほうが、ぴったりくる。外はかんかん照りでも、地下室の中はひんやりしている。なるほど、食品の保存には格好だ。

プロイセン軍包囲下のストラスブールで、砲撃のたびに住民の避難所となるのが、この地下室なのである。

八月十八日、理工科大学の受験生はパリに来るように、という連絡がルイのところに入った。じょうだんじゃない、彼は苛立った。このストラスブールの状況をいったいなんだと思っているんだ。

街には、フランスの援軍がやってくるという噂がしきりに流れていた。夜九時、一家そろって二階にいて、夕食を終えようとしていた。遠くで爆音がしたかと思うと、つぎの瞬間、こんどは近くの通りで爆発がおこり、みんなあわてて階下にむかった。階段を降りている最中、おそろしい轟音とともに家がグラグラッとゆれ、そのまま身をふせた。屋根瓦がバラバラッと庭に落ち、砲弾の破片が寝室の窓をこなごなにした。

煙が充満する中、無我夢中で地下室にもぐりこんだ。ルイの家族も、同じ建物に住んでいるほかの家族も無事だった。その夜は地下室で雑魚寝した。

その日から、ほとんど毎晩のようにルイの住む地域に砲弾がとんできて、誰もが地下室で寝泊まりするようになった。

ルイが生まれ育ったのは、ストラスブール城壁内のほぼ中心に位置する錠前師通り《セリュリエ》。彼の家は、ここで壁紙の専門店をいとなんでいた。錠前師通りの名称は、錠前師をはじめとして、かじ屋や刀とぎ師などの金属をあつかう職人たちが住んでいたことに由来し、すでに十三世紀からこの名で呼ばれていた。

その界隈には、ほかにも、くつ屋通り《コルドニエ》、たる職人通り《トヌリエ》、金銀細工師通り《オルフェーヴル》といった職人の名をもつ通りが集中しており、中世からにぎわっていたことを物語っている。

ルイの住む通りは、グーテンベルク広場につうじる。印刷術を発明したかの有名なドイツ人グーテンベルクの像が立つ広場。彼は一四三四年ころから一四四五年ころまでこの地に住んでおり、ストラスブールは印刷術の誕生と重要なかかわりをもつ街なのだ。

この広場のすぐ近くに、優雅なノートルダム寺院が、ひときわ高くそびえたち、その鐘の音は街じゅうにひびきわたって、時をきざむ。ヴォージュ山脈の赤色砂岩を素材にしてつくられたこの寺院は、バラ色と灰色とが絶妙にまじりあう色彩の美しさが人びとを魅了してきた。

ルイはそんな中心街に住んでいたのだが、包囲軍の集中攻撃の標的となった地域のひとつが、ここであった。

いまから分析すると、当初より戦況はプロイセン側が圧倒的に優勢だったことは明白である。だが、街に流れていた噂は、しばしばそれとは正反対のものだったことが十九歳のルイの日記からうかがえる。他の資料とつきあわせてみたとき、まず目にとまるのは、彼の日記の正確さだ。極限状況のなかで、この若さで、よくこれだけ冷静な観察ができたものだと驚嘆させられる。

八月二十三日、プロイセン軍は完全に撃退されたという噂がひろがっていた。ある家族を馬車でストラスブール城門の外にはこんだ御者が、そう言っているのだという。そこから七十キロ南のコルマールでは、夜こうこうと明かりがついていたという。

だが、敵は退却したどころではなく、翌二十四日から二十七日にかけての攻撃は、おそるべきものであった。毎夜、四千発ちかい砲弾や弾丸がストラスブールの城壁内にうちこまれた。膨大な家が破壊され、火事で焼かれ、美術館や教会が瓦礫と化した。ストラスブールが誇る図書館が全焼し、中世の貴重な写本や、初期の活字印刷本をふくむ四十万冊が灰燼に帰した。火からようやく救いだした二冊の本をかかえた牧師が、立ちつくして涙を流していた。図書館焼失は、後世にまで傷跡をのこす痛恨の悲劇だった。ちなみに、現代も、ストラスブールはフランス屈指の図書館を有する都市である。

ノートルダム寺院は集中攻撃をあびた。たくさんの像が破壊され、建物の前部は孔だらけになった。寺院の番人もいなくなり、鐘は時をきざまなくなった。ルイの家も、屋根に穴があき、煙突がへし折られ、天窓が吹きとんだ。家の近辺は瓦礫だらけだった。夜ごと、砲弾がヒューヒューとうなり声をあげ、それが明け方までつづくのだ。

だが、百三十年前の砲弾の破壊力は、現代の爆弾の足もとにも及ばない。連日の攻撃による市民側の死者は合計で約三百人、手足を失ったり負傷したりした人は約二千人と推定されている。

一九九九年、わたしが二度目にストラスブールをおとずれたとき、百三十年前のこの惨劇が、いまだ過去の思い出にはなっていないことを知った。絵葉書を買うためにひょいと立ち寄った書店で、これをテーマにした本を二冊みつけたのだ。

一冊は、図書館焼失の歴史的悲劇をテーマにした小説。そして、もう一冊は、当時英語の家庭教師としてストラスブールに住んでいて、この戦争に遭遇したイギリス人女性の日記が最近になって発見され、それが本のかたちで出版されたものだった。

パリの友人に、「ストラスブール包囲」なんて言っても、ひとつの歴史上の出来事にすぎないのだが、この地では、それはまだ生きた記憶なのだ。

降伏

ルイは、住民の夜警団に参加していた。

当番にあたる団員は、毎晩、十二人から十五人。そのうちの三人が夜まわりをする。どこかで火事が発生すると、ひとりが消防に知らせ、もうひとりは他の団員に連絡し、さらにもうひとりは住民に伝え、火がひろがらないうちに消しとめるのだ。どこの地域でも、こうした夜警団が組織されていた。

だが、砲撃がエスカレートし、このあり方も危険になり、方法をかえた。家ごとに当番がいて、当番は三十分おきに隣家の当番に声をかけ、その人はまたその隣の当番に声をかける。何もなければ、「異常なし」。それは家から家へとリレー式に伝えられ、地域の見張り所までとどく。火事が発生すると、即座に、「X家に火事！」がリレー式に叫ばれ、見張り所に知らされる。そこからの合図で、ただちに消防隊がかけつける。

見張り所の番も住民によって担われ、その多くは学生たちで、ルイもそのひとりとなった。週に一度くらいの割合で当番がまわってきて、夜八時から朝五時まで番をし、ふたり一組で行動する。

食糧が不足してゆき、肉も野菜もミルクもどんどん値あがりし、ビールは底をついた。食べ物に窮して犬を食べる人たちもでてきた。ピトンというカフェに、民衆のためのレストランがつくられ、ただに近い値段で食事ができるというので、大勢の人がつめかけた。

市当局や、要塞の守備隊を指揮する司令官に対して、市民の不満がくすぶりはじめた。矛先は、ナポレオン三世が生んだ帝政にもむけられ、「共和制バンザイ！」という叫びも聞かれるようになった。

九月二日、ルイの住む通りで、医学アカデミーの事務官が、自分のところにきたという一通の手紙を、大声で読みあげた。プロイセン軍は、アルザスのすぐ近くで粉砕された。敵は退却しつつあり、その背後で、フランス軍のマクマオン元帥が四十万の軍勢をひきいてこちらに向かっている。一週間もすれば、ストラスブールは解放されるだろう。

だが、このときすでに、ナポレオン三世はスダンで降伏し、マクマオン元帥とともにプロイセン軍の捕虜になっていたのだ。九月四日、パリに、臨時国防政府が樹立され、帝政の廃止と共和制の樹立が宣言された。

パリで革命がおこったらしい、それは噂としてストラスブールにひろがった。だが、ナポレオン三世の投降を、人びとはまだ知らずにいた。街はあいかわらず毎日砲撃をうけ、そして、人びとの耳に入る情報は、あいかわらず戦況の有利を伝えるニュースだった。援軍がやってくるという至急報が、タバコの巻紙に書かれていただの、葉巻につめられて送られてきただの、という類いの話である。

だが、いつのまにか、街の張り紙から、フランス帝国という文字が消え、フランス政府という語におきかえられていることに、ルイは気づいた。となると、やはり帝政は廃止されたのだろうか。

九月十日、ストラスブールはあす解放されるという噂がとびかった。フランス軍はすぐ近くまできており、プロイセン軍は撤退する部隊を援護するために、ラインの対岸に砲兵隊を待機させているという。人びとは興奮していた。

だが、これらと正反対のニュースも流れていた。薬屋が入手した九月六日付のドイツの

『カールスルーエ新聞』によれば、ナポレオン三世は捕虜になり、パリでは臨時政府ができ、マルセイユやボルドーでも共和制が宣言されたという。

市当局は、あす日曜日、スイス連邦議会のメンバー三人が、スイス政府の書簡をたずさえて、ストラスブールにやってくる、と発表した。

翌日、砲撃はやんでいなかったが、スイス使節団は西部のナショナル門から入ってきて、市民の喝采で迎えられた。戦争がはじまってから人通りがほとんど絶えていた街に、この日、平時とかわらないくらいの人が出た。だが、スイス使節団の到着とともに、ストラスブール市民は打ちのめされるような事実を眼前につきつけられるのだ。

ナポレオンの投降と帝政の崩壊が、このときはじめて、公的に発表されたのである。砲撃で家を失ったストラスブール市民のために、スイス当局は避難所を提供する用意がある、使節団はそう告げた。

街は騒がしかったが、人びとの顔にはいちように落胆の色がただよっていた。市民たちは怒りをぶちまけた。われわれはフランスのためにさんざん苦しんだのに、フランスはわれわれを裏切った。これ以上抵抗をつづけることに、はたして意味があるだろうか。

銃撃と砲撃がつづく中、街に張り紙が出された。

スイスへの通行券をのぞむ者は、証券取引所の建物で申し込みをおこなうこと。水曜日から、六百人のれる汽車が出る予定。

翌日も、それにつづく日々も、ルイの住む周辺への攻撃がやむことはなかった。やや静かな夜があったかと思うと、ふたたび砲弾がうなり声をあげ、炎があがる。攻撃がやんで、いっとき緊張がほぐれると、ルイは死ぬほど憂鬱な気分におちいった。

そんな中、ストラスブールでも共和制が宣言され、避難民の輸送がはじまっていた。まもなく、プロイセン側は、今後はユダヤ人の輸送はみとめないこと、近々包囲軍は二度めの集中攻撃を開始することを通告してきた。

タマゴやバターの値段がまた跳ねあがった。ミルクが不足して幼児や老人の死者がふえていた。ミルクをもっている者は、薬局にとどけてほしい、という張り紙がでた。

九月二十二日、二十三日、砲撃は熾烈をきわめた。包囲がはじまって以来、もっとも激しい砲火をあびた日々にかぞえられる。近所の大工職人が、ルイの家にきて、笑うに笑えない話をきかせてくれた。

近くに砲弾が落ちて、彼の家に火の手がまわり、牛の舌の料理が入ったナベを炉にかけたまま、避難した。一時間ほどして、家にもどってみると、どうやら料理は無事だった。

ナベをはこびだそうとしていたとき、眼前で弾が炸裂して、その破片でふたが吹きとび、ナベの中にバサッと土やレンガの小片が入りこんだ。せっかくの料理は食べられなくなったが、彼のほうはかすり傷ひとつ負わなかった。

ルイは夜警の活動をつづけていた。九月二十五日、ふたたび見張り所で夜をすごすことになる。それが最後の夜警活動になるとは、知るよしもなかった。

その夜、はじめは静かで、午前一時半、この戦争で負傷して退役したミショー伍長とともに、見まわりにでた。グーテンベルク広場まできたとき、ふいに北東部の城壁のほうで銃声がおこり、ついで砲弾の音がとどろきわたった。音は激しさを増しながら、北西部へと拡大していった。聖トーマ教会のてっぺんにのぼって、この様子を見張った。戦闘は一時間ほどでやんだ。

朝になって、包囲軍の攻撃が、ストラスブールの前線の兵士と義勇兵に押し返されたのだと、聞かされた。この街にはまだ抗戦する力がのこされているかのように見えた。

だが、ストラスブールが投降するのは、それから一日すぎた九月二十七日のことなのだ。この日の午前十時半、商工会議所が砲撃をうけ、柱のせりだした部分と天窓が吹きとんだ。午後になっても、攻撃はやまなかった。

とつぜん、城壁の砲塔のひとつに白旗があがる。降伏の瞬間であった。

敗北、無条件降伏、平和……、いろんな言葉が交錯する。筆舌につくしがたい騒動の渦が街をおおいつくした。

ひとりの砲兵大尉が、グーテンベルク広場の瓦礫の上に立って、街をあけわたす前に死ぬつもりだと声をはりあげる。拍手する人びと。「共和制バンザイ！」の叫び声。空にむかって発砲する人。市当局をののしる声。人びとを鎮めるために、住民からなる民兵隊が招集されたほどだった。

騒ぎはなかなかおさまらなかった。武器をとれと叫ぶ声。義勇兵たちは、革命歌ラ・マルセイエーズをうたいながら行進している。

現在のフランス国歌ラ・マルセイエーズを生みだしたのは、ほかでもない、ここストラスブールだった。フランス革命の革命戦争の際に、ラインの兵士たちの進軍歌として作詞作曲され、それがフランス国歌になった。だが、王政が復古するにおよんでこの革命歌は追放され、この独仏戦争時には、国歌の座を奪われていた。

その歌を、いまやドイツに降伏したストラスブールにおいて、人びとは声をはりあげて歌っていた。絶望と怒りの最初の瞬間がすぎさっても、歌声はやまなかった。

それでも、街は静かだった。大砲の轟音や弾丸のうなり声がもう聞こえてこないのが、ルイにはただ不思議におもえるだけであった。

十九歳のルイの日記は、ストラスブール投降の日の二十七日でぴたりと終わっている。きっと、それ以上は書く気になれなかったのだろう。ストラスブールはドイツ領になる。フランス国籍を維持したい者は、この地を去るしかなくなるのだ。

一八七〇年受験生の災難

この一八七〇年から七一年にかけて、フランスはつぎつぎに起こる歴史的事件にゆさぶられていた。独仏戦争が勃発したのは七月、九月にはナポレオン三世の帝政が崩壊、そして、翌年三月、ドイツ軍のパリ入城につづいて、パリ市民の反乱、パリ・コミューンがおこるのだ。

一八七〇年にパリ理工科大学を受験した学生たちにとっては、そんな戦争と政変と反乱に翻弄されながらの入学となる。

ルイをはじめストラスブールの受験生は、筆記試験はうけたものの、包囲された街から出られるはずはない。だが、口述試験のほうはパリでおこなわれることになっており、ルイのところにも、その通知がきた。それは悪いジョークのようなものでしかなかった。

理工科大学の合格者名が発表されたのは、ストラスブールが激しい攻撃のさかなにあった九月三日。そこには、もちろん、ストラスブール出身者の名はなかった。それどころか、ストラスブールの受験生の答案そのものが、戦争の混乱で紛失してしまっていた。

翌七一年三月、ルイのようなストラスブールの受験生は、パリで再試験をうけるようにとの通知をうけた。だが、ドイツの支配下におかれたストラスブールから外に出ること自体、容易なことではなかった。そのためには、パスポートが必要だったが、ドイツ当局はその発行を拒否していた。けれど、パスポートがなくても、スイスやベルギー経由でパリに行くという方法はあった。

じつは、そのときルイが書いた手紙二通の下書きが、孫ピエールの手で発見されている。計算用紙に書かれた下書きで、おそらくは大学当局に宛てたものなのだろう。ストラスブールの受験生の状況をうかがわせる手紙である。ピエールはこう説明する。

「ストラスブールの受験生の答案は、県庁舎には保管されず、第五砲兵隊のゴーシェ大尉が自分でもっていたのですが、その大尉はプロイセン軍の捕虜になってしまったのです。結局、ルイはストラスブール脱出に成功しました。どんな方法をとったかはわかりませんが、かなりの冒険だったようです。再試験はうまくゆきました。

合格者リストは成績順になっていたので、ストラスブールの合格者名は、当初、追加合格者の記号とともに、とりあえずそのリストに挿入され、その後、最終リストがつくられました。ルイの最終成績は、全合格者一五一人のうち十五番めでした」

ナポレオン三世は捕虜となり、帝政は崩壊したが、臨時国防政府により戦争はなおつづけられていた。パリもプロイセン軍に包囲され、政府は、パリから二百三十キロ西南にくだったトゥールに避難していた。当初、理工科大学の新入生は、このトゥールの高校の校舎に迎えられることになった。

だが、まもなくトゥールも危険になり、学生は、さらに南にくだったボルドーに避難せざるをえなくなる。けれど、ボルドーで新学期がはじまってまもなく、ドイツとの和平予備交渉が開始され、パリの校舎にもどってきた。

パリ校舎での講義がはじまったのは、一八七一年三月十五日、ところがその三日後の三月十八日、パリ市民の蜂起により、パリ・コミューンがおこる。学生はふたたびトゥールに避難し、市役所を間借りして講義がおこなわれた。だが、勉強に集中できるはずはなく、学生はバカンスをすごすように田舎をあそびあるき、住民から苦情がきたりした。

五月二十八日、パリ・コンミューンは鎮圧され、六月、学生はパリに帰ってきた。ようやく平常の学生生活がはじまったのだったが、それは、ルイにとっては苦渋の時期であった。ドイツとのあいだに結ばれたフランクフルト講和条約で、アルザス地方はドイツに割譲されることになり、ストラスブールは、法的にドイツ領となったからだ。

この条約により、アルザス地方の住民は、この地を去るという条件で、フランス国籍を維持することがみとめられた。フランス国籍の申告をしたアルザス人は、約十三万二千人(人口の十二・五パーセントほど)だったが、その多くはフランス国内に移住先がないために、申告は受理されなかった。

ルイは、一八七二年五月、最終的にフランス国籍維持を選択した。彼のようにフランス国籍を選んで、七二年末までにアルザス地方を去った人の数は、六万人ほどであった。ルイの弟エドワールも、ルイにならうが、ふたりの両親はドイツ国籍をうけいれる。

ルイの来日は、その四年後の一八七六年のことであった。故郷喪失という悲劇と、けっこう幸せなものだった日本滞在、この若き日のふたつの思い出が、晩年になって彼が建てたレマン湖の家に秘蔵されていた。百年あまりの歳月を経て、それを発見したのが、すでに老境に達していた孫ピエールなのである。

第六章　外国人の生活事情　瞥見

東京の自宅で日本の女性たちと。「特別な仲ではないから心配しないでほしい」、ルイは母親にそう書いている。

日本で食べるうまいもの

ルイの東京での生活に話をもどそう。彼は、日本での食事に満足していた幸運な外国人に属している。といっても、日本料理が舌にあっていたわけではなく、腕のいい日本人コックにめぐまれていたからである。

実際、日本に住むヨーロッパ人にとって、料理人のよしあしは生活を左右するほどのものだったらしい。明治新政府の法律顧問をしていたフランス人ブスケの『日本見聞記』によれば、日本人コックは「重要人物」であり、どこそこ宅の料理がうまいという評判がたつと、ヨーロッパ人どうしでその料理人の引き抜きあいをしたものだという。

食習慣のまったく違う日本という異郷で、うまいものが食べられるかどうかは料理人の腕しだいなのだから、それも理解できる。

ルイは、先輩二人がやっている食事グループに入れてもらった。フランス軍事顧問団の本部がおかれているカモンサマ屋敷の一角に、彼らは調理用具一式、テーブル・イスなどをそろえ、日本人の料理人を雇っていた。ルイは、それを共同食堂《ポポット》と呼んでいる。

三人で雇った料理人は、前に皇室の調理場ではたらいていたことがあると聞かされた。見習いか皿洗いくらいだったのかもしれないが、腕はたしかで、日本の食材を、西洋人の味覚にあわせて調理する技《わざ》はなかなかのものだった。

「あちこちの土からニョキニョキ顔をだすタケノコを、アスパラガスのようにホワイトソースやドレッシングであえたものを、ぼくたちはとてもおいしく食べています」

料理上手の使用人という点では、ルイの三年前に来日し、土木事業にたずさわっていたオランダ人の青年技師エッシェルの場合も、同じだった。日本の食材を西洋ふうにアレンジする達人なのだ。エッシェルは家族への手紙にこんなことを書いている。

「彼は自らすすんで献立を上手に整えます。たとえば、今日などは、ご飯、古いパン、卵、みかんでプリンを作り、ワインソースを添えました。味は本当に最高でした」

もし自国で生活していたとすれば、特筆するようなことではなかったかもしれない。異国のありあわせの材料でつくられたプリンがおいしかったからこそ、ビッグニュースの価値があるのだ。

両親や弟にあてた手紙で、ルイは食べ物についてよく書いているが、どちらかと言えば、ここではこんなにうまいものを食べているのだぞ、といった自慢話の観がある。

もちろんフランスと同じものが食べられるわけではない。向こうでよく宴会料理の主役となるマトンのもも肉は、日本ではひどく高価でめったに口に入らない。だが、そのかわり、フランスで珍重されるキジ、ヤマシギ、ジシギ、カモ、野ウサギといった狩猟鳥獣が、ここではこころゆくまで堪能でき、牡蠣《かき》、エビ、貝などの海産物も豊富だった。

そうした土地の産物を西洋人の舌にあわせる術を、料理人はこころえていた。牡蠣を材料にしてつくったパテ、海ガメの肉の料理、白いイモムシのような外観の魚のフライ、見たことのない貝の料理、なんでもうまく調理してあった。

グリンピース、アスパラガス、ジャガイモといった西洋野菜は、この時代にはすでに比較的容易に入手できた。日本の土壌で育った西洋野菜はヨーロッパのものと少々味がちがってくるが、悪くはない。くだものについては、リンゴ、スモモ、ブドウなどの洋風くだものは、日本の地にうつされると、風味を失うようだった。ミカン、カキといった伝統的なくだもののほうがかえって味があり、サクランボやイチゴはまずまずだった。日本のクリはといえば、絶品だった。

ワインは、フランス軍事顧問団のメンバーがみんなでお金をだしあって、直接フランスからとりよせていた。シャンパンもフランスからきている。じつのところ、日本では、フランスにいたときよりかえってシャンパンを飲む機会が多かった。あまり質のよいものではなかったが、ちょっとした晩餐にはシャンパンはつきもの。ただ、キルシュ、ラム、マディラワインといった特殊なワインだけは、さすがに東京ではめったに口にできない。

バターにかんしては、明治三年から築地で製造されはじめたらしいが、まだ入手はむずかしかった。はじめてバターが手に入った日はちょっとした出来事で、ルイはほかの仲間もテーブルにまねいて、日本製バターを試食してもらった。けっこうな出来だった。

ただ、難点はパンだった。東京でつくられるパンは、ルイにとってはストラスブールのパンに到底およばなかった。だが、明治九年十一月の大火の翌日、パン屋が焼けて朝食にパンが食べられなかった、と日記にしるしている。パンがないというのは、やはり一大事だったのだろう。

全体として、日本での食事には満足している、とルイは手紙に書いている。

「ママはぼくたちのテーブルにいつか招待されたいということですが、料理を気に入っていただけることは、うけあいます。正直にいって、ここでは、フランスで期待できる以上にうまいものを食べています」

とはいえ、両親からストラスブールの名物料理シュークルート（キャベツのピクルスをソーセージなどと煮込んだもの）のカンヅメが、キルシュやリースリングなどのワインとともに届いたときは、さすがのルイも大喜びした。そんな故郷の味覚がテーブルにのった日は、晩餐会のような盛り上がりようだった。

カンヅメは、いまのような工業製品ではなく、食品店が注文におうじて手づくりの料理をカンに詰め、ふたを溶接したものである。味はできたてのものとかわらなかった。ひとかん開けて、五人でたらふく食べたとあるから、よほど大型のカンヅメだったのだろう。

和食をたべるのは、日本人宅に招待されたときだけだったらしい。そんなときは、日本酒がふるまわれ、ショウガを使った料理、いろんな種類の魚料理など、もの珍しい食べものがならんだ。そこでは、女や子どもは見ているだけで参加せず、シャミセンや歌やおどりやゲームで酒宴をもりたてるのは、あでやかに着飾った芸者たちだ。

日本料理は、たとえば、ゼリー（煮こごり?）などは美味だと書いているが、一般的に、ルイの舌にはあまりあわなかった。とくに日本茶はまるで干し草を煎じたような味がした。だが、酒にめっぽう強いこともあって、日本酒だけはいくらでも飲めた。このエピソードについては、あとでふれよう。

異邦人の食卓

いささか陳腐に聞こえるかもしれないが、外国で生活する人が苦労するのは、言葉の壁、もうひとつは食べものだろう。

味覚の適応性には、もちろん、そうとう個人差があり、ウメボシやカップメンを持たずには海外旅行ができない人もいれば、「郷に入っては郷にしたがえ」派の人もいる。けれど、旅のさきざきでその土地の料理を満喫するような人でも、じゃあそれを毎日たべて生活できるかとなると、話はまたべつだ。

わたし自身についていえば、旅にでると、ときどき我ながら感心するくらい味覚の幅はひろいほうだと思う。これまで旅した国は二十はこえるが、どこの国にいっても食べものはおいしかったし、食べられないものはほとんどなかった。

しかし、旅と生活とは、同じではない。旅とは、日常から脱した空間であり、生活とは、逆にこまごました日常の積み重ねから成り立っているものなのだ。旅なら日本食はいらないが、海外で実際に生活していたときは、土地の産物を日本ふうにアレンジして、ゴハンでたべることのほうが多かった。

類似のことは、言葉についてもいえる。一か月くらいの滞在なら、その国の空気にひたりきるため日本語がつうじるような場所はできるだけ避ける。だが長年外国生活をしていると、ときどきむしょうに日本語でおしゃべりがしたくなる。そんなときは、しゃべりだしたら止まらず、おもいっきり日本語を吐きだしたあとは、気分爽快だ。

パリのわたしの知人に、夫フランス人、妻中国人の熟年カップルがいる。夫はアジアに二十五年も生活した経験の持ち主、妻はフランスにきてもう三十年になる。けれど、夫のほうはあくまでもパン党、妻のほうはあくまでもゴハン党。妻はフランス料理もゴハンで食べ、夫は中国料理のときもパンがなければ気がすまない。

味覚の習慣は根強いもので、外国暮らしが長くても、そう簡単には変わらない。外国からきた人たちが住みつくところに、まずできるのは、郷土料理を食べさせてくれるレストランだ。だが、同胞があまりいない異国の地に行く人たちには、そんな場所もない。彼らにとって、食べ物の悩みは、しばしば深刻だ。たとえば、明治の昔に洋行した日本人留学生は、多かれ少なかれそんな思いを味わったにちがいない。

藤田榮一著『漱石と異文化体験』によれば、夏目漱石は洋食が口にあわなくて苦しんだ日本人のひとりだったようだ。明治三十三年（一九〇〇）、英語教師だった漱石は、文部省より英語研究のため二年間の留学を命じられた。横浜から乗船したプロイセン号のなかで、漱石は、船酔いで食欲が減退しているうえに、毎日つづく西洋料理にすっかり嫌気がさして、目がくぼむほどだったという。

逆に、開国したばかりの日本に住みはじめた外国人にとっても、食事は悩みの種のひとつだったことだろう。初代アメリカ総領事ハリスの場合がそうだった。彼の日記を読むと、食べもののことで苦心している様子がまるで目にみえてくるようだ。

ペリー来航で日米和親条約がかわされ、初代領事に任じられたハリスが下田にやってきたのは、安政三年（一八五六）八月であった。

ハリスの来日は予期しない出来事で、日本側をあわてさせた。和親条約の締結が外交官の交換を意味するとは、解釈していなかったからだ。なんとか退去させようとするが、半ば押しきられるかたちで、ハリスを柿崎村の玉泉寺にうけいれる。柿崎はいまでこそ下田の一部だが、当時は辺ぴな村で交通の便も悪く、ハリスにとっても不承不承の妥協だった。

この片田舎に高々と星条旗があがり、日本における史上はじめてのアメリカ領事館が誕生する。ハリスは日本側にはてごわい交渉相手だったが、そんな辣腕の男が食べもののことで悪戦苦闘している姿にはホロリとさせられるものがある。

ニワトリのヒナを入手して飼育した。メンドリは生後十八週でタマゴを生みはじめる。だが、すぐにこの地でトリを飼うことのむずかしさをおもい知らされる。ネコや、キツネや、イタチといった小獣、タカ、フクロウなどの猛禽《もうきん》にしじゅう狙われるからだ。十三個のタマゴをあたためていたメンドリがネコに襲われて危ういところで逃げのび、それからは怖がって巣にもどらなくなってしまった。

土地を借りて畑をたがやした。アメリカから持ってきた十八種類の野菜の種をまいたが、そのうち発芽したのはエンドウ豆だけ、せっかくの労苦もむなしい結果に終わった。日本人からトウモロコシ、キュウリ、ナス、スイカなどの種をゆずりうけたが、ほんの少しばかりで、トウモロコシは二十粒、スイカのほうはわずか七粒だった。

北海道から種イモをとりよせ、ジャガイモを植えた。こちらのほうは順調に発芽したようだ。ブタの飼育も手がけ、メスが十三匹の子ブタを生んでくれた。

日本側からはイノシシやキジの肉、カキやクリなどの差し入れがあったものの、パン、紅茶、コーヒーといった柿崎村では入手できない食品はどんどん底をついてゆき、本国からの船もいっこうにやってこなかった。

柿崎村ではずっと体調が悪く、食欲不振になやまされ、食べものを制限しなければならないことを、ハリスはしきりに書いている。けれど、そのいっぽう、食べものに対する強い執着が、日記の随所ににじみでている。焼きたてのパンやアメリカン・ビスケットがたべられないこと、ここでの食事の貧弱なこと、そんなことをよく嘆いている。たぶん、欠乏が生みだす執着心だったのだろう。

ついに一隻のアメリカ船が下田にあらわれ、小麦、バター、ラード、ハムなどを提供してくれるのだが、このときのハリスの喜びようは、それはもうたいへんなものだった。

いよいよ将軍に謁見するために江戸ゆきが決まったとき、ハリスは日本人の料理人をいっしょに連れてゆくことにし、この日本人に五週間かけて西洋式の料理の特訓をした。のみこみのいい男だったらしく、彼の料理はハリスを満足させた。非常にうまいコガモとウズラを夕食に供してくれた、ハリスはいかにも嬉しげにそう書いている。

江戸では豪華な日本食の接待をうけるのだが、ハリスは、食事の費用はいっさい自分の負担にしてほしいと申しでる。そうでないと、自分の好きなものを自由に注文できないし、出されたものは何でも食べなければならないからだ。和食でも、牡蠣《かき》などは大好物だったらしいが、全体としては、自分の料理人に洋風料理をつくってもらうほうがよかったようである。

少し時代はくだるが、前述したフランス人法律顧問ブスケは、日本に住む外国人の食に対する執着ぶりをえがいている。まだ鉄道がなかった時代、パンを入手するために江戸に住む者が悪路もいとわず横浜までいったり、マトン食べたさに二晩もかけて旅をする人がいたり。食べもののために、彼らはそんな労苦もあえて甘受したのだ。

ブスケによれば、居留地に住む外国人は、ありとあらゆる国から食品をとりよせていた。小麦やジャガイモやタマネギはアメリカから、ワインや乾燥野菜や油はフランスから、バターはデンマークから、羊は中国から、唐辛子はインドから、ビールはイギリスから、コンデンス・ミルクはスイスからきていた。日本に住む外国人はこのために恐ろしく出費のかさむ生活をしていたという。

ブスケは、ルイの来日とちょうど入れ代わるように、帰国している。ルイの時代になるとすでに事情は少しちがっていて、西洋の食品の入手もそれほど困難ではなかった。といっても、食材の大半をしめるのはあくまでも日本の産物、西洋人にとって、食事がうまいかどうかは、料理人の腕にかかっていたのである。

牛なべの全盛期

ルイが日本に滞在したのは明治九年から明治十一年にかけてだが、この時代の日本の社会現象として突出しているのは、なんといっても牛なべの大流行である。

明治の牛なべブームについては、一九三二年刊行の『横浜市史稿　風俗編』が、往時を懐かしみながら、その様子をいきいきと語っている。

牛なべとは、牛肉をネギといっしょに煮込んだもので、西洋文化と日本人の味覚とを融合させた、まさしく時代を象徴する料理だった。横浜にはじめて牛なべ屋が登場したのは、文久二年（一八六二）のことだったという。こんなエピソードが載っている。

伊勢熊という居酒屋があった。あるじが、横浜初の牛なべ屋をやろうと女房にもちかける。女房は大の外国ぎらいで、そんなことをするのなら夫婦別れをするとたいへんな剣幕。この夫婦げんかに仲裁が入り、店をふたつに仕切り、いっぽうで女房が飯屋をやり、もういっぽうで亭主が牛なべ屋をやることになった。ところが、いったん牛なべ屋がはじまると、たちまちにして千客万来の大繁盛。女房もついに折れて、店の仕切りはとりはらわれたという。

はじめのころ、牛なべは、人夫や馬丁が屋台のようなところで食べたり、イカモノ食いが、おれは牛肉を食ったぞと自慢の種にしたり、貧乏書生が錆びたなべをつついて食べる、というたぐいのものだった。

けれど、牛なべを食べると体があたたまる、というので評判がよく、じょじょに上品な人たちをもひきつけてゆく。明治二年（一八六九）には、東京・横浜のあちこちに牛なべ屋があり、老いも若きも男も女も肘をつきあわせての大にぎわいだった。さらに、明治五年、天皇の食膳に牛肉が供されたことで、牛なべはいっきょに市民権を得たという。

だが、かくまで熱気をかきたてた牛なべも、明治半ばくらいから急速に衰退してゆく。牛なべほど長く流行がつづき、文明開化の雰囲気を豊かにただよわせ、民衆に愛され、歓迎された食べものはない、『横浜市史稿　風俗編』はそう懐古している。

不思議なことに、当時全盛期にあったこの牛なべについて、ルイはひとこともふれていない。いや、牛なべどころか、彼が食べものについて書いているなかに、そもそも牛肉という言葉があまりでてこない。

ルイがうまいものとしてあげているのは、シカや野ウサギなどの獣肉、キジ、カモ、ヤマシギといった鳥、牡蠣やイセエビなどの海産物だ。こうした狩猟鳥獣の肉は、牛肉などとちがって、いってみれば日本の伝統的な食べものに属する。

日本における肉食のタブーが江戸時代に頂点に達していたことはよく知られているが、それでも、肉食が一掃されたわけではなかった。鳥類や野ウサギなどは食用されていたし、場所によっては、イノシシやシカなども食べていた。そうした獣肉を売る、ももんじ屋と呼ばれる店もあった。

肉食の忌避は、地方によってかなり濃淡があるようだ。たとえば、島崎藤村の『夜明け前』がえがく幕末の木曾の山地（現在の長野県）では、ごくあたり前のように、肉食がおこなわれている。この小説に登場する木曾の宿役人《しゅく》ふたりが、アトリという小鳥を一度に三十羽もたべたという思い出ばなしをするくだりがある。

アトリはスズメ目《もく》の小鳥で、ユーラシア大陸北部の針葉樹林帯で繁殖し、冬に日本にくる渡り鳥だ。ある年、この山里でアトリがたくさんとれた。一日に三千羽も鳥網にかかるほどだった。そこで、一興を催すことになった。アトリ三十羽とお茶漬け三杯を一人でたべることができれば、褒美としてもう三十羽のアトリがもらえ、もしたべることができなければ、逆に、六十羽差し出さなければならない、というものだ。ふたりの宿役人はこのゲームに挑戦し、両方とも、見事三十羽のアトリを獲得したのだった。

肉食のタブーをあまり感じさせないエピソードだ。たしかに、鳥肉と獣肉とでは違うだろう。だが、『夜明け前』には、クマ、シカ、イノシシなどの肉を食べる話もでてきて、獣肉に対するタブーも少なかったのではないかと想像させる。

新入りの牛肉とは異なり、おそらくは、狩猟鳥獣肉のほうは、季節や食べごろや料理法についての知識が蓄積していたにちがいない。ルイが日本の狩猟鳥獣肉を好んだのも、なるほどどと思える。

もしかしたら、ルイのこの嗜好は、幕末から明治にかけて日本にきた西洋人に共通していたのかもしれない。アメリカ総領事ハリスの若い通訳ヒュースケンは、江戸にやってきたとき、牡蠣《かき》や、ガン・カモ・ウズラ・アオジなどの鳥肉や、シカ・イノシシなどの獣肉が毎日食卓にのぼることを、嬉々として日記に書いている。とくに、アメリカで珍味とされていたカモの一種、オオホシハジロが、江戸で食べられることに大喜びしている。

ルイは、日常的には、日本の食材を西洋ふうに料理したものを食べていた。日本人に招待をうけたときは、魚を主とする純和風の料理がふるまわれた。牛なべのような和洋ミックス料理は、かえって関心の外にあったのではないだろうか。

明治の日本社会を物語る基本文献のひとつ、チェンバレンの『日本事物誌』は、当時の日本の洋食を酷評している。とくに、ステーキなどは、まるで靴底のような堅さだという。ルイが牛肉にあまり関心をしめさなかった理由は、そのへんにもあるのかもしれない。

小使《こづかい》

現在より、家事使用人がはるかに普及していたこの時代、日本に暮らす外国人も、それぞれ自分の家に使用人をかかえていた。

東京番町のルイの屋敷にいたのは、門番、小使、それに馬の世話をする別当《べっとう》。

小使はちょっとばかりフランス語のわかる男で、日本の新聞に書いてあることを教えてくれたりする。ルイのほうも単語帳をつくって一生懸命に日本語をおぼえ、なんとか意思疎通ができるようになった。士官学校ではプロの通訳がついていたが、家では、小使のとつとつとしたフランス語と、ルイのよちよちあるきの日本語がコミュニケーションの手段だった。

門番はといえば、信用のできる男だと太鼓判をおして、同僚が紹介してくれた。もともとは仕立て職人なので、そちらのほうの仕事もたのめる。本来なら、料理人も雇わなければならないところなのだが、さきほどふれたように、ルイは先輩たちがやっている食事グループに仲間入りをしたので、共同で日本人の料理人をひとり雇うだけですんだ。
門番、小使、別当（馬丁）、料理人、これは外国人の家にかかえられていた使用人のパターンで、幕末からつづいていた習慣のようだ。門番は、大きな屋敷でなければ必要ないが、小使と別当と料理人は、誰もが雇っていた。

では、日本人の家では、どうだったのだろうか。明治の生活をえがいた小説を読んでいて、かならずといってよいほど目にとまるのは、奉公人である。中流以上の家には、さほど金銭的な余裕はなくても使用人がいる。

たとえば、夏目漱石の『吾輩は猫である』に登場する苦沙弥《くしゃみ》先生は、生徒にはなめられ、近所の実業家にはバカにされるようなパッとしない英語教師で、ドロボウが侵入しても盗むものもあまりないような家なのだが、それでもれっきとした下女がいる。

『史料が語る　明治の東京一〇〇話』の執筆者小野一成によれば、明治時代には、女中のような家事をおこなう使用人をおくことはとても重要なことで、中流階級のステイタスをあらわすシンボルだったという。

ヨーロッパでも、事情は似通っており、第二次世界大戦末までは、ちょっとした家なら、数人の使用人をかかえていた。ルイの孫ピエールは一九一四年生まれだが、子どものころ、家には、家政婦と料理女、それに子どもの世話をするメイドがいたという。「メイドが朝起こしにきて、顔を洗い服を着るのを手伝ってくれ、きちんと身づくろいをしてから、両親のところにオハヨウを言いにいったものです」、ピエールはそう言う。

だから、東京のルイの家に使用人がいても、何ら不思議はない。ただ、面白いと思うのは、外国人なら誰でもかかえていた小使が、日本の家には見当たらないことである。

夏目漱石の小説でよく目にするのは、下女。『吾輩は猫である』や『坊っちゃん』にも、『三四郎』や『それから』にもでてくる。『坊っちゃん』では、父や兄には疎まれる無鉄砲で正義感の強い主人公に無類の愛情をそそぐのが、下女の清《きよ》である。

幕末から明治の動乱期を舞台にした島崎藤村の小説『夜明け前』には、下男と下女がでてくる。

森鷗外の小説は、下女、女中、小女《こおんな》、小人《こびと》、小間使《こまづかい》など、奉公人の語彙が豊富だが、小使という語は、用務員という意味でしかつかっていない。漱石の『坊ちゃん』の学校にも小使は登場するが、この場合も、用務員のことである。

鷗外の『雁』では、大学の寄宿舎の小使だった末造は、学生が金に困ったときに用立てしているうちに、ついに本職の高利貸になる。金銭的ゆとりがでてきて、妾をかこう。お玉という、貧しい育ちの美しい娘である。妾宅に住まわせられたお玉の身の回りの世話をするのは、梅という小女《こおんな》だ。

小使という語は現在はほとんど廃語だが、かつては学校の用務員が小使さんと呼ばれていた。つまり、小使とは公的施設ではたらく人のことだ。なのに、外国人の家の奉公人が、なぜ小使と呼ばれたのだろう？

そのヒントが、一九三二年刊行の『横浜市史稿　風俗編』のなかにみつかった。この本には幕末から明治にかけての横浜の風俗がえがかれているが、そのなかに、外国人商館の使用人として、「ボーイ（小使）」という表現がある。つまり、小使は、ボーイ（boy）の訳語だったらしいのだ。小使という語そのものは、その前から存在しているが、これに新しい意味をくわえたのだろう。

初代アメリカ総領事ハリスは、その日記に、自分の使用人（多くは中国人）について書いているが、料理人・洗濯人といった仕事が明確に定義されている使用人のほかに、ハウス・ボーイ（house　boy）をふたり使っている。おそらく、幅ひろい雑事をこなしていたのだろう。のちに小使と呼ばれるようになるのは、ひょっとしたら、この人たちなのかもしれない。

外国人屋敷の使用人たちは、最初のうちは香港や上海で雇われた中国人だったが、しだいに日本人が雇われるようになった。『横浜市史稿　風俗編』によれば、日本人の小使第一号は、ハリスの通訳ヒュースケンが雇った石橋六之助だったという。

ルイの時代には、コヅカイという日本語がすで外国人のあいだにも普及していたらしく、彼の手紙や日記にはこの語がそのまま使われている。小使は、彼の日常生活に欠かせない存在だったらしく、ときには旅のお供までつとめている。

ムスメ

明治の日本で生活する外国人にとって、ムスメという語には特別なひびきがあった。ムスメとは、「外国の独身男には欠かせない装飾品、つまり、外国人が家にかこっている公認の愛人というやつです」、ルイは国もとへの手紙にそんなことを書いている。いまふうに言えば、現地妻のことである。

日本側がルイのために建ててくれた屋敷には、ムスメ用の部屋がちゃんとつくられていた。愛人を住まわせるための部屋まで、ルイのためにわざわざ用意されていたのだ。それは独立した部屋で、彼の寝室につうじるドアがあり、気がねなしに両方を行き来できるようになっていた。なんという念の入れようか！

ルイは、タコムラという日本人士官とディナーをともにしたとき、ムスメはいるかと聞かれ、いないと答えると、その日本人士官はびっくりした顔をした。

「すぐみつけましょうか、いちばんの美人を」、日本人士官はそうつっこんできた。こんどの日曜日までにさがす、と言うので、ルイは、いやいや火曜日まででいいですよ、とはぐらかした。火曜日はルイの講義のない日である。

話はそこまでだったが、外国人がムスメと暮らすことは、よほど当たり前だったことをうかがわせるエピソードだ。

幕末、文久二年（一八六二）に出された『珍事五ヶ国横浜はなし』には、各国領事や外国人士官や商人など、当時横浜に住んでいた外国人の名がのせられている。この本には、外国人の屋敷に雇われていた日本人の名もあり、「小使　音二郎」、「別当　仙吉」などの記述とともに目にとまるのが、「娘　てつ」、「ラシャメン　たか」といったものだ。

娘とラシャメンは、ここでは同じ意味に使われているらしい。ラシャメンとは、外国人がかこっている女のこと。『横浜市史稿　風俗編』によれば、横浜で生まれた新語のひとつで、当初は、毛織物のことだった。毛織物は日本では知られておらず、外国人の衣類だったので、転じて、外国人の妾を意味する言葉になったのだという。だが、これとは違う説もある。

オランダ領事にも、イギリス領事にも、ポルトガル領事にも、そうした女がいたことを、『珍事五ヶ国横浜はなし』は物語っている。明治になってもこの点はあまりかわらなかったようだ。フランス軍事顧問団のメンバーの多くにムスメ体験があると、ルイは両親と弟にあてた手紙で言っている。

「ぼくはまだ彼らと歩調をあわせていません。でも、候補者がいないわけではないんですよ」

実際、ムスメを斡旋したいという提案を、ルイは何度もうけた。娘の父親が言ってくることもあった。自分は門番をつとめ、娘に身辺の世話をさせたい、といった条件をだしてくるのだ。

そんな日本の習慣を彼は批判的な目でみていた。「でも、ヨーロッパ人社会のほうもあまりほめたものではなく、日本人に対して妙な手本を提供しているのです」。

ルイは、横浜に住むイギリス人の既婚女性からこんな話を聞いた。

横浜では、イギリスの医者は一家族の面倒をみるのに、年間百ドルを要求する。妻が妊娠した場合は、この料金にさらに百ドルが追加される。だが、妊娠しても子どもを産みたくない場合は、追加料金は二百ドルになるというのだ。

日本にきてから、こうした類いの少々どぎつい話をしばしば聞かされ、あまり上品でない言葉に寛容になってしまった、ルイはそう書いている。「でも、もっときわどい話はいつかお聞かせします、いまはちょっと書けません」。

そんなふうにルイの手紙はいつも率直だったが、それでも、彼の母親は、遠い国の息子の女性関係をなにかと心配していた。日本への旅の途、寄港地ナポリから送った手紙に香水の匂いがあるのが気になって、釈明をもとめてきたらしく、ルイはこんな返事をしている。

ジャコウの香りのことは、どうっていうことはありませんよ。同じテーブルで書いていたアメリカ女性が、強い香水の匂いのする便箋を使っていたせいです。彼女の下敷きを借りたので、その匂いがうつったのでしょう。彼女とはカイロまでいっしょで、よい道連れでしたよ。でも、ご安心ください、四十歳くらいで、少し頭のはげた女でしたから。

だが、彼にしても、もっぱら品行方正というわけではなく、アバンチュールも体験した。彼の日記に、キス・ミーだの、カム・スーン・アゲインだの、あまり脈絡のない、意味深長な英語の単語がならんでいる日が、どうもそのアバンチュールの日だったようだ。相手は横浜に住むアメリカ人で、日本に来る船内で知り合った女らしい。パリに住む弟エドワールにだけ打ち明けたところ、たちまちストラスブールの両親にばれてしまい、ルイはしきりに弁解している。

ちょっとはめをはずしたのは事実だが、それは動物性のなせることで、心まで奪われたわけではない。二度とそんなことがないよう気をつけるから、自分の意志の強さを信用してほしい。もっと危険なのは日本の女の誘惑だが、それを避けるため最大限努力する。

彼が日本の女に魅力を感じなかったわけではなく、むしろその逆だった。母親が日本の女について否定的なことでも言おうものなら、ママは見たこともないのに悪口を言っている、日本には美しい女はいくらでもいる、とむきになって反駁していた。

「ママはぼくが日本のムスメと懇意になるのではないかと心配しているようですが、ぼくにはまだいません」。結局、日本滞在ちゅう、それはなかったようだ。

「けれど、一般論として言えば、家にムスメをおくことは、日本でヨーロッパ以上に危惧される沢山の厄介ごとに対する、もっとも確かな予防策になるのです」

おそらく、外国人と生活をともにしていた日本の女は、外国人と日本社会とを橋渡しする役割も演じていたのだろう。そのひとつの例を、さきほどあげたオランダ人青年技師エッシェルと同棲していた日本女性、お松にみることができる。

彼が両親にあてて書いた手紙の一部が、日本語に翻訳されているが、これを読むと、お松は、家事ばかりではなく、通訳の役割も演じ、あらゆる面でエッシェルのささえとなっていたことがわかる。

「彼女は僕が親しくしているただ一人の日本人で、ヨーロッパ人の誰よりもずっと信頼している位です」

彼はお松にふかい愛着をいだいていたが、それでも日本にずっと滞在する気はなく、いずれおとずれる彼女との別離は不可避のものとしてうけとめていたようだ。

訳者フォス美弥子の解説によれば、お松はその前にヨーロッパ人医師と一緒に住んだことがあり、家事の能力と聡明さには定評があった。武士の家に生まれ、本名は杉本ふさ、礼儀作法のしっかりした教養ある女だったという。

幕末から明治にかけて、外国人と暮らした女たちが演じた役割については、ありとあらゆるケースがあって、一言で要約できるものではないだろう。富田仁著『ふらんす横浜物語』には、幕末の日仏外交の陰の立役者として活躍したフランスお政と呼ばれるラシャメンの例があげられている。ともかくも、彼女たちの存在は、ふつう考えられるよりも重要だったように思えてならない。

ムスメという言葉は、フランス語として定着した日本語のひとつだ（フランス語ではmousmé）。ルイの手紙や日記から、ムスメという語が、明治の日本に住んでいた外国人のあいだで流布していたことがわかる。だが、これをフランス国内に広めたのは、ピエール・ロチの小説『お菊さん』である。

ロチは海軍士官として一八八五年（明治十八年）の七月から八月にかけて長崎に滞在し、日本人女性と同棲していた。その体験を小説化したのが『お菊さん』である。ムスメという日本語がロチにはとても美しいひびきをもつ言葉に聞こえたので、翻訳せずに、そのまま使ったのだった。

いまでも、ムスメは生きたフランス語のひとつだが、その語源のほうはすっかり忘れられている。パリで小学校の教師をしている友人に、「たいていのフランス人はムスメはアラブ語だと思ってますよ」と言われ、わたしは、日本語をまったく知らないパリの知人十人に対してちょっとしたアンケートをこころみた。

十人とも、ムスメという語を知っていて、女を意味する言葉だと答えた。そして、十人が十人とも、それはアラブ語からきた言葉だと思う、と言った。音のひびきがアラブ語ふうに聞こえるというのが、その理由である。じつは日本語なんだと明かすと、誰もがエッというような顔をした。

『お菊さん』では、外国人界隈に顔のきく日本人が、カンガルー氏の名ででてくる。彼は通訳にしてクリーニング屋、さらに、外国人にムスメを斡旋する仕事をしている。長崎に着くや、ロチはこの男と接触する。カンガルー氏が紹介したのは十五歳くらいの少女、家族や親類や近所の者がおおぜい同席するなかで、顔合わせがおこなわれる。

だが、少女は彼の好みにあわず、同伴者たちのなかに、もう少しおとなびた、十八歳くらいの年かっこうの美しい女が目にとまる。その女が、長崎滞在中に生活をともにすることになるお菊さんなのである。彼女の両親に月ぎめで二十円の金を支払うということで話がまとまる。

日本に暮らす外国人に日本の女をあてがうというのは、外国人を懐柔するためにとられた、幕府の外交政策のひとつでもあった。その元祖として知られるのが、初代アメリカ総領事ハリスに妾として差しだされた唐人お吉である。それ以来、各国の公使館や領事館、あるいは外国人商館に、女を斡旋することが習わしのようになった。

『横浜市史稿　風俗編』によれば、安政六年（一八五九）の横浜開港に際し、外国人うけいれのための施設整備の一環として、幕府がまっさきに決定したことのひとつが、遊廓の建設であった。

このために、一万五千坪の埋め立てをふくむ大規模な工事がくわだてられた。資金ぐりや自然条件などさまざまな障害にぶつかり、紆余曲折を経ながらも、江戸の吉原と比肩する規模の遊廓が誕生した。いまの横浜スタジアムにあたる場所で、港崎《みよざき》廓とよばれた。

遊廓ができてからは、異人屋敷に入る女はすべて、あらかじめ遊女として登録することが義務づけられた。町娘でも、形式上は遊女籍に身をおき、鑑札があたえられてはじめて、屋敷におくられた。遊女は本名とはべつの名前をもち、それは源氏名とよばれていたが、外国人のもとにいく女には、遊女でなくとも源氏名がつけられた。

いっぽうでは外国人に対する女の斡旋を積極的にすすめ、もういっぽうではそれをきびしい統制のもとにおく、それが幕府の政策であった。

遊廓において不特定の外国人を相手にする遊女は、ラシャメン女郎とよばれた。これに対して、外国人の屋敷に召しかかえられ、生活をともにするのが、ラシャメンなのだ。

江戸にもラシャメンはいたが、横浜と少しばかり事情がちがい、強制的に遊女籍に入れられるということはなかった。江戸に住んでいた外国人は公使館員など公務にたずさわる者が多かったため、幕府も黙認せざるをえなかったのだという。横浜でも、鑑札の制度は、明治五年に廃止された。

ラシャメンは、日本と外国との接触の裏舞台に生きた女たちだった。そんなものをひとつの制度にまでしたのは日本独特かもしれないが、こうした女たちの存在そのものは、おそらくは普遍的なものだろう。

永井荷風の『ふらんす物語』にも、類似した話がでてくる。

パリに到着した夜、荷風は、活気あふれるラテン街を散策し、流れてくる音楽に誘われるようにあるカフェに入り、そこで粋なパリ女に出会う。娼婦であることは一目でわかった。

女は、かつてパリに留学していた日本人洋画家と同棲していたことを打ち明ける。二年ほどいっしょに暮らし、裸婦のモデルもつとめた。その後、功なり名とげた画家だという。画家の帰国で離別の悲しみをあじわったが、それからまた何人かの日本人留学生と懇意になった、女はそんな話をした。

幕府時代から明治にかけて、ほんとうに外国人と接していたのは、もしかしたらこうした女たちだったのかもしれない。当事者の証言はあまりのこされていないのだが、ある程度まで知られているケースもある。

たとえば、長崎の出島で医師シーボルトと生活をともにしたタキ。片野純惠著『蘭方《らんぽう》女《おんな》医者事始《いしゃことはじめ》』によれば、タキについては、オランダ商館に出入りする遊女だったという説、外国人と同棲するために形式上遊女籍に入れられたのだという説など、いろんな見解があるという。シーボルトは彼女をおいて日本を去るが、ふたりから生まれた娘イネは医学をまなび、日本ではじめての女蘭医になるのだ。

パーティー・宴会

明治日本のヨーロッパ人コミュニティーは、なにしろ狭い社会だった。イギリス人もイタリア人もドイツ人もロシア人もフランス人も、おたがいにライバル意識をもちながらも、けっこう交流しあっていた。

各国公使館は、他国の人たちをも招いて、パーティーやディナーを催したものだが、そんなときは、ルイも招待をうけた。そのたびに、公使たちの横顔や夜会の様子について、彼は手紙で辛口の批評をくわえている。

ルイにとっていちばん好感がもてる外交官は、ロシア公使館の人たちだったようだ。フランス人とロシア人は元来仲がいいが、ロシア人とイギリス人は根本的に相容れない、ルイは手紙でそんなことを言っている。語学の堪能さにおいて、ロシア人は群を抜いていた。フランス語を上手にあやつるだけでなく、数か国語につうじている。じつは、語学にかんしては、ルイ自身、少しばかり自信があった。「この点にかんしては、ぼくはかなり評判がいいほうです」。

日本語の上達もはやいほうだったらしいが、とくに、ほかのフランス人にくらべて英語が得意だった。仕事のない日に横浜にあそびに行くと、同胞より、むしろイギリス人やアメリカ人とつきあっていた。日本にくる船のなかで知り合った人たちをつうじて、横浜に英米人の友人ができ、おかげで英語が上達した、とルイは自慢げに書いている。

だが、イギリス人が企画する催し物となると、彼はなにかと手厳しい。

イギリス海軍の士官たちが、東京築地の外国人居留地で、スポーツ大会を催すことになり、フランス軍事顧問団にも招待状がきた。ルイもふくめて、メンバー五人が参加し、大勢のイギリス人や外交官たちに迎えられたが、まったく面白くなかった。「ぼくたちは、人目につかないように、ひとりずつこっそりその場を抜け出しました」。

イギリス公使館で、ヴィクトリア女王の誕生日を祝う舞踏会がおこなわれた。舞踏会が終わるのは明け方ころで、招待客の多くは横浜に住んでいる。イギリス公使パークスは、午前四時に東京を発つ横浜までの貸し切り列車を、日本側に六十ドル支払って出してもらったはいいものの、その切符を無料で提供せずに、招待客に一枚一ドルで売りつけた。招待客の数は六十人をこえていた。「イギリス公使は、結局のところ、ちょっとした金もうけをしたというわけです」。

ユニークなことでダントツなのは、イタリア公使フェ・ドスティアーニ主催のパーティーだった。

「イタリア公使はいっぷう変わった人で、これほどざっくばらんな公使はほかにいませんん」。接待がとてもうまく、ハチャメチャなパーティーをやってのける。参加者の服装はどうでもよく、手袋をはめて行かなくても、ジャンパー姿でもいっこうにかまわない。パーティーの出しものは、芝居や軽喜劇だったり、ときには歌劇だったりした。

このイタリア公使の手にかかると、ヴェルディの歌劇も珍物となる。公使館の庭の一角に帆布で屋根を張っただけの劇場、ピアノとフルートとバイオリンだけのオーケストラ。

観客の寛容の精神をあてにしてか、三つの楽器は妙な不協和音を奏でるし、舞台の背景の絵は、日本人がかいたもので、想像力をはたらかせないとよくわからない。

端役は、中世ヨーロッパの衣装を着たぎこちない日本人の使用人。役者は、ロシア公使館のイタリア人コックとか、公使館のメイドとか、イタリア領事夫人といったちぐはぐな混成部隊。ほんとうは悲しい物語なのに、みんな腹をかかえて笑っている。

横浜のイタリア領事は、東京の公使の命令であちこち出張させられており、公使と領事夫人の仲があやしいと口さがない連中が言っているが、ダンスやテーブルでの彼女のふるまいを見ているとまんざら噂だけではなさそうだ。

フランス公使館に対しては、ルイは、不満をにじませた苦い言葉を発している。

彼が日本にきたばかりのころ、公使はまだ就任しておらず、公使代理がいるだけだった。この公使代理は、その前にペルーの公使館にいたときの愛人を東京につれてこようとして拒否され、しかたなく愛人のメイドだった女をつれてきて一緒に住んでいる。だから、フランス公使代理は公邸に誰も招待しようとしない。

フランス公使館は、品川の片隅にあって、国旗さえ立てていない。イギリス、ドイツ、イタリア、ロシアなど他のヨーロッパ諸国は、東京の中心部に立派な公使館をかまえ、ほこらしげに国旗をなびかせているというのに。

明治維新において、フランスが、旧幕府側に加担したことはよく知られているが、おそらく、その後遺症をまだ引きずっていたのだろう。

日本人が主催するパーティーのほうは、日本式宴会だった。ルイの強みは、日本酒がいくらでも飲めて、そんな宴会が少しも苦にならなかったことだ。さかずきは何杯でもうけることができ、飲みすぎても、少々胃が重いくらいで、けっして二日酔いはしなかった。

上官のジュルダン工兵大尉が帰国するというので、日本の工兵士官たちが主催しておこなわれた送別会が、そんな機会のひとつであった。場所は、両国橋の近くの茶屋、中村屋だった。同じ工兵士官のルイとギャロパンが、ジュルダン大尉に同伴することになった。三人とも、パリ理工科大学出身、先輩後輩のあいだがらでもある。

ジュルダン大尉は、幕府時代にフランス軍事顧問団のメンバーとして来日し、明治になって、こんどは新政府のまねきでふたたび日本にきた。フランス式彩色地図の導入者として、彼の名は、日本における地図作成の歴史にきざまれている。

中村屋は、当時外国人のあいだでも定評のある接待茶屋だったらしく、チェンバレンの

『日本旅行案内』にも紹介されている。隅田川に面した大きな座敷の両側に、大勢の日本人が、めいめい小さな膳を前にして座っていて、豪華な衣装をつけた多数の芸者が忙しそうに酌をしてまわっていた。

ルイたち三人の席として、いちばん奥に座蒲団が三つならべてあった。ジュルダン大尉を真ん中にして座り、その両わきに通訳がついた。だが、酒がまわり話がはずんでくるにつれ、いつのまにか通訳の頭をとびこえて、直接日本語でのやりとりになっていた。

広い宴会場のあっちでもこっちでも、盛んにさかずきが交換されていた。めいめいが挨拶したい相手に、自分のさかずきを空にして差しだす。芸者が酒をそそぎ、受けた者はそれを飲みほす。そして、にっこりしながら、さかずきを額のところまであげて、謝意をあらわす。

仕事でいっしょの日本人、顔見知りの日本人などが、次々にルイにさかずきをよこしてきた。両側についているふたりの芸者が、それを桶で洗っては酒をついでルイにわたしてくれる。

座敷のまんなかでは、三味線や琴の演奏があり、芸者たちが踊っていた。彼女たちの采配をふっている年配の女は、髪の毛をすっかり剃ってタマゴのようなつるつる頭をしていたが、いったん彼女が踊りだすとほかの女たちを完全に圧倒した。その動きは敏捷かつ猛烈で、くるくる変わる表情はおどろくほど豊かだった。

雰囲気がもりあがるにつれ、ひとりまたひとりと席を立って踊りにくわわってゆく。みんなとは離れたところで面白おかしく踊りまくっている者、隅のほうで仰向けになって足と足とをつきあわせて格闘している者、目隠しで鬼ごっこをする者。

日本人は酔っぱらうと、真っ赤な顔になり、身ぶりが激しくなるが、無作法なことはしない、ルイはそう手紙に書いている。

「たぶん百人くらいの男がいて、その多くは若者でした。女は五十人ほど、けっこう美人がそろっていました。全員がかなり陽気になったときでさえ、ひんしゅくを買うような行為はまったくありませんでした。ヨーロッパ人の士官たち（アメリカ人も）の集まりだとこうはいかないでしょう」

宴もたけなわになったとき、ついに工兵科の日本人教官が座敷のまんなかにでてきた。上着を脱ぎ捨て、人のシルクハットを借用して頭にのせると、四十代半ばの教官があたかも二十歳の若者の敏捷さをとりもどしたかのように踊りはじめた。全員がそのまわりをかこみ、音頭をとっている。その動きの滑稽さにルイも腹の皮がよじれるほど笑った。

この人物こそ、前にふれた小菅智淵《こすげともひろ》、幕府時代にフランスの兵学をまなび、旧幕府軍にくわわって官軍とたたかったが、明治新政府に登用されて士官学校教官となった男である。その後、参謀本部の初代測量課長に就任し、近代的方法による日本全国測量と地図作成の端緒をきりひらいた。戦前まで、東京・芝公園に彼の像があったという。

文字通りのドンチャン騒ぎだった。日本にきてこんなに笑ったのははじめてだった。ルイが空けたさかずきは五十杯をこえていた。

翌日、ルイは通常どおり教壇に立った。酔っぱらって踊っていた人たちも真面目な顔にもどっていた。しばらくのあいだは、その人たちの顔をみるたびに、笑いたいのをこらえなければならなかった。

第七章　出会い

ルイが、晩年建てたレマン湖の家を飾っていた日本画。それから九十年を経た二〇〇一年、この絵の謎が孫ピエールによって解かれる。

悲しい帰還

もしルイ・クレットマンがストラスブールの出身ではなく、故郷を失うという悲運に遭遇しなかったとすれば、手紙や日記や写真をはじめとする膨大な日本コレクションが、その後埋もれてしまうことはなかったかもしれない。したがって、百二十年ものあいだ、これほど完璧なかたちで保存されることもなかったかもしれない。

ルイの帰国直後の予期しなかったさまざまな出来事が、故郷ストラスブールの当時の状況とかさなったことが、ことのはじまりだった。

ドイツの支配下にあったストラスブールは、日本で生活していたときも、ルイの頭から離れたことはなかった。国もとへの手紙のなかで、彼は、父や母をストラスブールから脱出させようと、しばしば説得をこころみている。

ストラスブールがドイツに降伏してからもう七年になるのに、まだそこにとどまっている両親が、ルイにはもどかしくてしかたがなかった。決心をこれ以上のばさなければならない理由はなにもない、ドイツの支配下から逃れてゆったり生活するために、店や工場を処分する準備にかかるべきだ、ルイはそう主張する。

移住先をフランスのどこにするかについても、いろいろアドバイスをしている。パリは肌にあわないだろう。フランスの東部のできるかぎり大きな都市がいい。ナンシーならその条件を満たすが、ドイツ領との境界に近いので、ふたたび独仏間の紛争がおこれば、まっさきに戦禍をこうむる。考えられるのは、ディジョンかブザンソンだ。

「ぼくが帰国したら、そのことをきちんと話し合って、結論を出しましょう」

だが、結局、両親はストラスブールから離れることはなかった。

若くはない彼らにとって、見知らぬ土地でゼロからやりなおすのは並大抵のことではなく、決心をひきのばしていた。そんなふうに迷っているうちに、パリに住んでいたルイの弟エドワールが病気にかかって、ストラスブールの両親の家に連れもどされた。痔《じ》と診断されたらしいが、じつは虫垂炎《ちゅうすいえん》で、誤診のため病状は悪化していた。

ちょうどそのころ、日本に滞在するルイは、帰国の準備に余念がなく、送別パーティーやなにやかやであわただしい毎日を送っていた。そんなとき、明治政府の要人だった大久保利通が暗殺され、ルイの日本最後の日々に暗い影をなげかけた。

いざ離日となると、名残おしさが胸にせまる。これほど独立心をもって自由に行動する機会はもう二度とないでしょう、日本からの最後の手紙にルイはそう書くのだ。

明治十一年（一八七八）五月二十日、ルイはアメリカ船オーシャニック号で、横浜を発つ。ヨーロッパに直行するのではなく、予定どおり、アメリカ経由の帰途の旅だった。

フランス公使館の書記官シャルル・ド・モントローといっしょだった。シャルルは、外交官試験をうけるためにフランスに一時帰国するところで、同じ船で出航して、ふたりでアメリカ旅行をしよう、ということになったのだ。

のちほどふれるが、このシャルルとの旅は、ルイの人生における運命の出会いのきっかけとなる。

ルイが太平洋のまっただなかにいた五月二十九日、弟エドワールが病死する。もちろん、ルイはそのことを知らず、そして、旅の終わりまで知らされることがない。

十七日間の航海の後、六月六日、サンフランシスコに到着。カリフォルニアのヨセミテ渓谷、セントルイス、カナダのモントリオール、そしてニューヨーク、旅の先々でルイは手紙を書いているが、どの手紙も、「親愛なる両親、親愛なる弟」ではじまっている。

アメリカ滞在中はあらかじめ指定した住所に両親の手紙がとどいていたが、弟の死はふせられていた。何も知らせずにアメリカ旅行を楽しませてあげたいという親ごころだったのだろう。ルイは、ニューヨークから船にのり、ヨーロッパへの帰途につく。ルイの最後の手紙は、七月二十七日付で、イギリス・リヴァプールにむかう船の上でしたためたものだ。ここでもまだ、手紙の書きだしは、「親愛なる両親、親愛なる弟」であった。

ストラスブールに帰ってはじめて、弟エドワールが二か月も前に亡くなっていたことを知ったとき、彼がうけた衝撃はどれほどのものだったろう。

ルイは現役のフランス士官なので、ドイツ領となったストラスブールには一週間しか滞在することが許されなかった。しかも、いっぽ外に出ると、いつもドイツ人士官がルイのあとをついてまわり、監視していた。二年半ぶりの父母との再会は、短く、悲しみに満ちたものであった。

両親が最終的にストラスブールを離れない決心をしたのは、息子エドワールがこの地に埋葬されたためだったのかもしれない。

そんなとき、たぶん傷心のルイを気づかったのだろう、アメリカ旅行の道連れだったシャルル・ド・モントローが、スイス・ジュネーヴ近郊セシュロンのおじの家で休暇をすごすので、一緒にこないかと誘ってきた。

その家で、ルイは生涯の伴侶と出会うことになる。一家の長女ケイトである。ふたりが結婚したのは、出会ってわずか半年後のことだった。

ルイは、日本からの手紙で、つぎつぎに結婚してゆく同年代の友人たちについて、茶化し半分に評論しており、自分は結婚なんてまだまだする気はない、とくり返し書いていた。そんな彼がスピード結婚したのだ。よほど熱烈な恋愛だったのだろう。

ふたりの結婚には、ルイの両親もケイトの両親も反対だったにちがいない、と孫ピエールは言う。

ケイトの父親は、男爵という貴族の称号をもっているうえに、たいへんな資産家だったので、ルイの家とは格がちがう。ルイの両親のほうは、息子がストラスブールの幼なじみと結婚することを望んでいたので、期待を裏切られたことだろう。

ケイトの母親はアメリカ人、父親はサヴォア人だ。サヴォアはアルプス山脈の地方、いまはフランスに属しているが、ケイトが生まれたときにはサルジニア王国（国家統一の前のイタリア諸国のひとつ）の一部だった。だから、ケイトは、もともとはフランス人ではない。そんな女との結婚は、ルイの両親を失望させただろう。

ケイトは読書が好きな知的な女だったという。ルイと出会ったとき二十五歳、この年齢でまだ結婚していないというのは、当時の女としては稀なことだった。

結婚して一年後、長男が誕生し、亡くなった弟と同じエドワールという名がその子につけられた。それが、ピエールの父親である。

埋葬と発掘

では、ルイが日本から持ち帰った資料はどうなったのだろう。どんな経緯で埋もれてしまい、どんなふうに孫ピエールの手で発掘されることになったのか。

五百三十五枚の日本の写真、日本語の勉強のために自分でつくった単語帳、日本語に翻訳された十九冊のテキスト、フランス語の手書きの時間割り、当時の東京・大阪・京都・日光などなどの地図、田安家の所蔵品だった画集四冊をはじめとする美術工芸品の数々……、量も種類も大変なものである。

ピエールは、こんなことを話してくれた。

＊

日本滞在中、祖父ルイは独身でしたから、日本で入手したものや使っていたものはすべて、ストラスブールの両親の家に送りました。日本でつけていた日記も、帰国したとき、両親の家にあずけたことでしょう。

帰国するなり弟の死に直面し、しかも、わずかな期間しか両親の家にとどまることが許されなかったルイには、そうした品々をじっくり整理する余裕はなかったでしょう。その直後に結婚し、少しのあいだに彼の生活はがらりと変わります。日本コレクションはもはや独身時代の思い出となったのです。

士官はよく配属場所がかわり、しじゅう引っ越すので、日本から持ち帰ったものは、両親のところにあずけたままにされました。

もし、両親がルイの望んだとおり、ストラスブールを脱出していれば、結婚後もひんぱんに会うことができたでしょう。けれど、ドイツ領のストラスブールには、帰ることもままなりません。というのも、ドイツ当局は、フランス軍に属するルイのストラスブール訪問を、年に一回、滞在期間は一週間しか許可していなかったからです。おまけに、家の外では、監視役のドイツ人士官がいつもついていました。

彼の最後のポストは、パリ理工科大学《エコール・ポリテクニーク》の学長でした。けれど、病気にかかったので、一九一一年、少しはやい時期に退職しました。

退職後の生活を送るために、レマン湖のほとりに家を建てることになります。場所は、天然のミネラルウォーターの産地として世界的に名高いエビアンに近いピュブリエという村です。四十四ヘクタールあまりの大きな地所で、ノヴェリの名で呼ばれています。建設が完了したのは、一九一二年でした。

その少し前に、ストラスブールの母親が他界しました。父親のほうはもうずっと前に亡くなっていたので、ルイはストラスブールの両親の家を処分し、そこにあったものはすべて、レマン湖の家に移しました。日本コレクションはまとめて、書斎にしまいました。

それとほぼ同じ時期に、妻ケイトの父親が亡くなり、その家具類の一部もやはりレマン湖の家に移されることになりました。

そんなふうに近親者がたてつづけに他界し、それがレマン湖の家への引っ越しと重なったため、一度に大量のものが運び込まれることになります。そして、ルイ自身、それをほとんど整理しないまま、亡くなります。

このレマン湖の家に、故郷ストラスブールと、若い日の祖父が大人として自立した生活にふみだした日本の思い出が秘められていることを、のちにわたしは知ったのです。

家の土台には、ストラスブールからはこばれた土が埋められおり、「鉄の男」と呼ばれるストラスブールの像を複製したミニチュア像が、階段の手すりの上におかれていました（鉄の男は、昔のストラスブール衛兵の等身大の像で、十六世紀ふうの鎧をつけ、槍を手にしている。現在、街に立っているのは複製、本物は歴史博物館に保存されている）。サロンには、いろいろな日本の置物があり、欄間を飾っていたのは、大きな日本画でした。書斎の壁には、東京で撮った写真が三枚かざられていました。

けれど、ルイはそこでわずか二年のあいだ暮らしただけで、一九一四年に病死します。

レマン湖の家は、老後の生活の場として建てたものでしたが、祖父ルイが亡くなると、祖母ケイトは、大きな屋敷にたったひとりで暮らすのがきっと寂しかったのでしょう、そこには住まず、グルノーブルの娘リュシーのところに身をよせます。わたしにとっては、リュシーおばさんです。

レマン湖の家のほうは、夏のバカンスを過ごす家となりました。祖母や、おばや、いとこたちと顔を合わせる場です。わたしの兄弟だけで六人ですから、大所帯です。祖父の遺品がつまった場所を、子どもが勝手に開けるなど論外でしたから、この家が日本コレクションを秘蔵しているなんて想像もできないことでした。

祖母ケイトは、アメリカの西部劇に登場する女のような服装をしていました。足首までくる長い黒のスカートをはき、その下に何枚もの黒のペチコートをかさねていました。ペチコートのひとつにポケットがついていて、そこから財布やカギをとりだすたびに、スカートをまくりあげていたのが記憶にのこっています。

祖母は、いってみれば女将軍のような人でした。毎朝、八時きっかりに、子ども全員が、二階の祖母の寝室の前にせいぞろいします。母がドアをノックすると、「お入り」という祖母の声がします。祖母はナイトキャップを頭につけたまま、ベッドの上にすわって朝食をとっています。子どもたちは、年齢順にひとりずつ進みでて、祖母に「おはよう」と言い、キスをします。

あいさつが終わって部屋を出るまでは、みんなおとなしくしていますが、ドアをしめたとたん、ドォーッと脱兎《だっと》のように駆け出して、朝食の用意ができている食堂にわれがちにとびこんだものです。

昼食は正午きっかり、夕食は七時きっかりにはじまります。食事の五分前になると、メイドが、牛につける大きな鈴を手にして外に出てきて、チリンチリンと鳴らします。おもてで遊んでいた子どもたちは、五分間で、家にもどり、手を洗い、髪をととのえて、食堂の前に並ばなければなりません。

五分してふたたびチリンチリンと鳴ると、書斎から祖母がおもむろに出てきて、並んでいる子どもたちの前をゆっくりと通りぬけ、食堂のドアをあけます。彼女のあとについて、みんなぞろぞろと食堂に入ったものでした。

アンヌとマリーというふたりのメイドがいて、マリーは料理を担当し、アンヌは掃除や給仕を担当していました。別棟には、運転手とその家族が住んでいました。庭の手入れをするのは、庭師で、毎朝、目を覚ますと、木製の熊手で庭にしきつめられた小石をジャリッジャリッと均《なら》している音がしていました。

敷地内では、サクランボやキイチゴやミラベル、それにみごとなナシや、おいしいトウモロコシがとれました。


祖母が一九三〇年に亡くなって、わたしの両親の時代になり、つぎに父が亡くなると、レマン湖の家は、わたしの妹リーズの一家が相続しました。その家はもはやバカンスの家ではなく、生活のための住居になりました。妹は、その家を両親の時代のままにしておくことを望み、祖父の遺品に手をふれることを誰にも許しませんでした。

わたしが祖父の資料を調べはじめたのは、その妹が亡くなってからです。あとにのこされた夫に「この家にいったい何がしまわれているのか、ぜんぜんわからないから、調べてくれないか」と頼まれたからです。

そこで、レマン湖の家にでかけては、書斎、サロン、居間、浴室というふうに場所ごとにひとつひとつ調査し、出てきたものをマルセイユの自宅に持ち帰っては、詳しく調べてリストをつくってゆきました。そんなふうにして、祖父ルイの日本コレクションにゆきついたのですが、それも、ある日とつぜん全部のものが一度にみつかったのではなく、じょじょに発見していったのです。

祖父が日本で書いた手紙と日記だけはちょっとべつで、そのずっと前にみつかっていたのですが、読まずにほってありました。

それは、こんな事情でわたしの手に入ったのです。

祖父の亡くなったあと、祖母は、その日記と手紙を自分の手もとにおきました。祖母は、リュシーおばさんの家で暮らしていましたから、祖母の死後、その手紙と日記は、ほかの遺品とともに、リュシーおばさんの手にわたります。おばさんが亡くなると、こんどは、その息子、つまりわたしのいとこの手にわたります。そのいとこが、「自分には興味がないから」といって、わたしのところに持ってきてくれたのです。

けれど、わたしのほうも、受けとったはいいものの、読まずに十五年間もほっておきました。そして、一九九二年、孫娘のアンヌ・ロールが英語の教師として日本に行くことになったとき、はじめて解読してみようという気になったのです。

レマン湖の家に祖父の日本コレクションを発見したことと、手紙や日記の解読とは、もともとはほとんど相互関係のないべつべつのことでした。気がついたら、それはひとつのことになっていたのです。

祖父ルイはなんでも両親にざっくばらんに打ち明けていましたが、ひとつだけ曖昧にしか言わなかったことがありました。それは、いったんフランスに帰国して、そのあとまた日本に戻るつもりだったことです。両親は息子がはやく帰ることを願っていたので、はっきり言いにくかったのでしょう。

しかし、弟エドワールが亡くなったことで、両親をおいてまた遠い日本に旅立つ気にはなれず、日本に戻るという約束は果たせませんでした。

このことを知ったのは、当時ルイが上官ヴィエイヤール大尉に書いた手紙がみつかったからです。この手紙の入手には、じつは、ちょっとしたエピソードがあるんですよ。

祖父ルイが手紙や日記でふれている人物について調べるために、いろんな方面の研究者と出会いましたが、そのひとりが、ヴィエイヤールの子孫の住所を教えてくれたのです。けれど、その人は、ヴィエイヤール家とは折り合いが悪く、住所を教えたのは自分であることは絶対に言わないでほしいと、口どめされてしまいました。

そこで、少しばかりひねったシナリオを思いつきました。

ヴィエイヤールはパリ理工科大学出身者なので、この大学の卒業生名簿からヴィエイヤール姓をもつ人をぜんぶピックアップする。そのアドレスすべてに、祖父が日本でお世話になったヴィエヤール大尉の子孫を探している、という趣旨の手紙を書く。そうして、目ざすヴィエイヤール家をさがしあてる。

もちろん、実際に書いた手紙は、たった一通です。それは、当然ながら、教えてもらったヴィエヤールの子孫のアドレスに送りました。うまく連絡がとれ、祖父ルイがヴィエイヤール大尉に宛てて書いた手紙のコピーが入手できた、というわけです。

ストラスブールへの旅

わたしが最初にストラスブールに行ったのは、一九九八年秋の渡仏の折、祖父の故郷をぜひ見てほしいというピエールに誘われてのことだった。

ピエールはマルセイユに住んでいて、わたしの滞在先はその七百六十キロあまり北のパリなので、直接ストラスブールで落ち合うことになった。

ホテルはピエールが予約してくれた。わたしはあまり計画せずに旅に出る習慣があり、目的地に着いてから駅の観光案内でホテル・リストと地図をもらって宿をさがすことのほうが多い。ピエールはその正反対らしく、一か月も前にホテルを予約し、わたしが日本を発つ前にホテルの案内図やストラスブールのガイドマップを送ってくれた。

そんなふうに何事によらず、きっちり計画してかかるピエールが、人との接触においてはなんとも軽やかな無計画性を発揮することを、この旅で知った。彼はほんとうに気楽に誰にでも話しかける。喫茶店のウエイトレスでもレストランのボーイでも、親しい人に対するように冗談をとばす。

一度など、昼食時、レストランを物色しながら、テラスの並ぶイル川沿いの道をあるいていたとき、わたしが少し先に見える木を指さして、「あそこにあるのは菩提樹ですよね?」と聞くと、ピエールは近くにいたボーイをいきなりつかまえて、「ここで食事をしよう思うが、ひとつ条件がある。あそこの木の名前を教えてくれることだ」。

まわりのテーブルの客たちはゲラゲラ笑っていたが、ボーイはけっこう神妙な顔をして奥に聞きにいった。まちがいなく菩提樹であるという答えをボーイがもってきて、わたしたちはそのレストランで、ストラスブールの名物料理シュークルート（キャベツのピクルスをソーセージなどと煮込んだもの）を食べることになった。

祖父ルイにかんする探索の過程でピエールが接触した人や組織は、日本とフランスをあわせて百二十八件になると第三章に書いたが、なるほど彼にはコミュニケーションにおける軽やかさがある。

だが、ピエール自身は、自分は人見知りだと言っている。たしかに、わたしがおこなった彼への数度のインタビューから、そんな感じがしないでもない。これまでインタビューしたフランス人は、たいてい、質問すると立て板に水のように話したものだったが、ピエールの場合は、いつも「まだテープはまわさないで」と言ってから、一休止して頭の中で考えをまとめ、それからゆっくり話しはじめる。

といっても、いったん興にのると、つぎつぎにエピソードがとびだし、そんなときはテープの存在などすっかり忘れているらしく、急に気づいて、「エッ、テープがまわっていたの？」とびっくりしたような声を出す。あとでテープを聞きなおしてみて、そんな個所がでてくるたびに、わたしはクスッとしてしまう。

わたしたちが泊まったホテルは、旧市街の中心部に近く、「子豚マーケット広場」の名をもつ場所にあった。たぶん、その昔、そんな市がたった広場なのだろうが、いまは観光客相手のみやげもの屋やレストランがたち並び、深夜まで賑わいが絶えない。ルイが住んでいた錠前師《セリュリエ》通りは、ホテルからあるいて十五分くらいのところにあった。

ストラスブールは、ヨーロッパの古い都市の情緒をたっぷり味わわせてくれる街だ。わたしにとって、この街の魅力は色彩美である。古い建てものが、グリーン、オレンジ、ベージュ、紫、茶など、色とりどりで、しかも、どの色も、月日の流れで深みをまし、まるで同じトーンのグレイを薄く重ねたかのような独特のハーモニーをなしている。

ルイが住んでいた錠前師通り三番地（いまは二十番地）は、薬草店になっていた。こじんまりした通りで、活気あふれるグーテンベルク広場からここに入ってくると、ひっそりした感じがする。パン屋、本屋、アクセサリー店、といった小さな商店がぽつりぽつりと点在し、車道よりも歩道のほうがひろい道だ。

ピエールは、祖父ルイが住んでいた家の変遷を調査したが、あまりに所有者の入れ替わりが激しかったらしく、その糸をたどることができなかった。

そこからあるいて十分ほどのジュイフ通りに、ルイの両親が晩年をすごした家があるが、そちらのほうは現在の所有者ダンテル夫人と連絡がとれた。その家は、ルイの両親が亡くなったあと、一九一二年、ルイの手で売却された。そして購入したのが、現在の所有者ダンテル夫人の祖父母にあたる人たちだった。

ピエールがダンテル夫人に会いにいくというので、わたしもついていった。売り手の孫と買い手の孫が、その売買から九十年ちかい年月を経て、はじめて出会うことになったのだ。ダンテル夫人は、六十代くらいで、ちょっとまるまるとしているが、品のいい感じの女性だった。ピエールとダンテル夫人は、まるで久しぶりに再会した旧友のように、しっかりと抱き合った。

ダンテル夫人は家のひとつひとつの部屋を見せてくれた。

内装は昔とはすっかり変わっているそうだが、ルイの両親の時代の名残をとどめるものが、ひとつだけあった。彼の母親のイニシャルの入った大きなグリーンの陶製のストーブ。いまはサロンを飾るインテリアの役割をはたしている。

「昔は、サロンなんて、よほど特別の機会でもなければ、足をふみいれることのない部屋だったのよ」、ダンテル夫人はそう言う。

彼女は　子ども時代、一九三〇年代から一九四〇年代にかけて、この家がどんなふうだったかを記憶している。こんな大きな家なのに、家族が日常の生活で使っていたのは、たったひと部屋、ちいさな居間だけだったという。

「そのころはまだセントラル・ヒーティングはなく、冬、ストーブをたいていたのは居間だけで、家族全員がこのちいさな部屋にいつもかたまっていたのよ」

彼女の祖母の時代には、この家には、料理人、洗濯をする人、アイロンかけをする人、敷布類の管理をする人などなど、たくさんの使用人がはたらいていた。

「祖母の仕事は、大勢の使用人をとりしきることで、料理などの家事仕事は、自分ではほとんどしていなかった。でも、生活はとっても質素だったのよ。戦争ちゅうだったこともありますが、夕食なんか、パンをカフェオレにひたして食べるだけだったわ」

わたしが、キッチンで食事をすることもあったのか、と質問すると、ダンテル夫人はとんでもないという顔をした。

「キッチンで食事をするなんて、朝食でさえ、当時は絶対ありえないことだったわ。キッチンは料理人の居場所で、家族の者はあまり寄りつかなかった。だいいち、いまのキッチンのような明るい場所とは似ても似つかない。真っ黒な大きな竈《かまど》があって、明かりもあまり入らず、子どものわたしにとっては、魔女か何かが住んでいそうな怖い洞窟みたいで、近づきがたい場所だったわ」

一八七〇年の独仏戦争におけるフランスの敗北でドイツ領となったストラスブールは、第一次世界大戦でのドイツの敗北によりフランスに復帰したが、第二次大戦ちゅう、ふたたびドイツの支配下におかれていた。

「そのとき、わたしは八歳でしたが、ドイツ語をぜんぜん知らなかったので、幼稚園に入れられたのね。すごく屈辱的だったわ。学校ではもちろんフランス語は禁止だったけれど、同じクラスのドイツ人のちいさな男の子が、どこかでフランス語の本をみつけて、わたしのために持ってきてくれたの。そうしたら先生がカンカンになって、みんなの前でその男の子のズボンをさげ、おしりをバンバンたたくのよ」

ストラスブール解放の日は、ダンテル夫人にとって生涯忘れられない日だという。

「食事をしていたら、突然、轟音が聞こえてきたので、窓にかけよると、下の道を戦車が通っていた。はじめはドイツの戦車なのか、フランスのなのかわからなかったけれど、近所の人が息せききってやってきて、ノートルダム寺院でフランスの国旗をあげているっていうのね。あわててとびだすと、兵士がひとり旗をかついでハシゴをのぼっていくのが見えた。三色旗があがった瞬間は、ほんとうに感動的で一生忘れられないわ。いまこうして話していても、あの時の感動でからだが震えてくるくらいよ」

戦争ちゅうの話になると、ダンテル夫人とピエールはすっかり意気投合していた。別れぎわには、ふたりはまるで旧知のあいだがらのように親しそうにみえた。

ストラスブールの地下室

わたしの二度めのストラスブール訪問は、翌一九九九年秋、こんどはひとり旅だった。ピエールといっしょだった前回は、さほど意識しなかったが、ひとりで街をあるいてみて、ツーリストの多いことにあらためて驚かされた。ある意味ではパリ以上かもしれない。パリなら、観光客はシャンゼリゼ大通り、オペラ座界隈、ラテン街などなど特定の区域に集中していて、ふつうの住宅街で観光客に会うことはあまりない。ところが、ストラスブール旧市街は、どこもかしこもツーリストでいっぱいだ。

通行人をつかまえて道をたずねると、よく「わたしもツーリストなんで……」という答えがもどってくる。そのうち、道を聞く前に、「すみませんが、土地の方でしょうか」といちいち確認するようになった。

そうだ、地図を持ってあるけばいいんだ、と、ごく当たり前のことに気づいた。わたしはかなりの方向音痴だが、地図を見ながらだと、道に迷うことはあまりない。ふつうの都市なら、地図をヒラヒラさせながらあるくのは、いくらなんでも気がひけるが、これだけツーリストがあふれる街なら、気にすることは何もないではないか。

地図を片手の散策は楽しいものである。おかげで旧市街をくまなく足でまわった。徒歩でどこにでも行けるというのは、ヨーロッパの中小都市の得難い魅力のひとつだ。地図を手にしているので、こんどはこちらがよく道を聞かれ、わたしの地図はずいぶんいろんな人の役に立つことになった。

ひとつ不思議に思うことがあった。ストラスブールはアルザス地方の中心地なのに、通りでも商店でも喫茶店でもレストランでも、アルザス語らしき言葉が聞こえてこないこと。ドイツ人ツーリストが非常に多いので、ドイツ語はよく耳にする。アルザス語はドイツ語に近い言葉なのだが、といってもドイツ語とは別だ。

わたしの泊まっているホテルのフロントの係が耳慣れない言葉で応対していたので、何語かとたずねたら、デンマーク語だという。オランダからの観光客も多いらしく、そのフロント係はオランダ語も話すと言っていた。街で聞こえてくるフランス語には、アルザスなまりらしいものは感じられない。だが、彼らはフランスのほかの地方からきた観光客なのかもしれない。

いったい土地の人はどんな言葉を話しているのか、気になった。朝通勤する人たちを観察するという、我ながらうまい方法を考えついた。朝はやく街に出て、足ばやに職場にむかう人の群れにまぎれこんだり、出勤前に喫茶店で軽い朝食をとったりしている人たちが話す言葉に耳をかたむけた。彼らは、パリとかわらないフランス語を話していた。

だが、あるレストランで、ようやくアルザス語を聞く機会を得た。昼食時間を少しすぎていて、客のまばらな店内でアルザス名物タルト・フランベを食べていたら、二つか三つ向こうのテーブルについている年配の男が、店の女主人に話しかけているのが耳に入った。

年配の男が話しているのは、ドイツ語でもフランス語でもないが、音の感じはドイツ語に似ている。きっとこれがアルザス語にちがいない、そう思った。女主人のほうはフランス語で答えていて、それでちゃんと会話が成立している。その客が帰ったあと、女主人に聞いてみると、思ったとおり、アルザス語だった。彼女のほうは、アルザス語は聞けばなんとかわかるが、しゃべるのは無理だと言っていた。

図書館の利用も、今回のストラスブールの旅の目的のひとつだった。

とくにこの街の地下室について調べたかった。プロイセン軍包囲下でのルイの日記には、砲撃のたびに地下室に避難したことがしるされている。第二次世界大戦のときも、地下室は防空壕の役割をはたしたという。地下室については、ほかにもいろんな話を聞かされた。すべての家の地下室がつながっていて、それをつたわってゆけば街の外に出ることができた、と話す人までいた。実際は、どうだったのだろうか。

もうひとつ興味をひかれたのは、錠前師《セリュリエ》通りだの、くつ屋《コルドニエ》通りだのといった、さまざまな職人仕事にちなんだ通りの名称だ。ヨーロッパの都市では、そんな名称はめずらしくないが、ストラスブールではそれはひときわ存在感があるのだ。

市立図書館で、面白い本をみつけた。一八九四年に出された『ストラスブール　歴史と景観』というタイトルのずっしりとした分厚い本、ここには、ひとつひとつの通りの名称の由来や歴史について書かれている。ルイが住んでいた錠前師通りは、十三世紀からすでにこの名で呼ばれていたことを教えてくれたのは、この本だった。

この本には、一八五二年当時のストラスブールの三千分の一の地図がついていて、ルイの日記に書かれている包囲された城塞をイメージする助けとなった。

だが、地下室にかんしては、大学図書館にも市立図書館にも、これといった資料はみあたらなかった。「古いストラスブールの友の会という、郷土歴史・文化研究の組織がありますが、そこで聞けば何かわかるかもしれませんよ」、市立図書館の司書さんがそうすすめてくれた。住所をもらったので、図書館を出て、その足ででかけた。

古いストラスブールの友の会は、ノートルダム寺院のわきの、観光客むけの飲食店やみやげもの店がぎっしり軒をならべる小さな通りにあった。事務局には、秘書らしい女性と年配の男がひとりいただけだが、用件を話すと、すぐ事務局長リュード氏の自宅に電話を入れて、取り次いでくれた。翌朝十時に会うことになった。

この会は、ストラスブールの文化遺産を守るという目的で、一九五四年に設立された。雑誌も発行しており、この都市にかんするすぐれた研究に対して賞をあたえている。

ストラスブールは古くからとくに地下室が発達した都市だった、リュード氏はそう言う。狭い城壁のなかに建物が密集していたためである。

「城塞という窮屈なコルセットのなかで繁栄してきた街ですから、家は横にひろがることができず、上にのび下にのびるしかありません。高い屋根と、深い地下室をもつ家が発達したのはこのためです。高い屋根で、夏のあいだ果物などを乾燥させ、冬場のストック品がつくられ、地下室のほうは、ワインや食糧や水を保存する場所でした」

ひとつの家屋はたいてい複数の家族を擁しているので、地下室も共用、いくつかの地下室はたがいに行き来が可能だった。だが、街じゅうの地下室がぜんぶつながっていたなどということはありえない。とはいえ、非常に長い地下室があったことはたしかだ。

たとえば、第二次大戦ちゅう、ドイツ占領下にあったとき、ドイツ軍に入隊するのを嫌って、二年半も地下室に隠れて生活した男がいた。その地下室は、八百メートルから一キロくらいの長さがあったという。

「その男の家はいまでは取り壊され、地下室も埋められてしまいましたが、彼の妹さんがわたしの妻の友だちで、このことを話してくれたのです。

彼は、ロウソクの明かりだけで、地下室のなかで二年半も暮らし、妹さんが食べ物をはこんでいました。夜になると、ときどき外の空気を吸わせるため、妹さんが彼を中庭につれ出していました。地下室の入り口は、中庭のトイレの後方にあり、外からみると便壺の場所のようにしか見えないので、ドイツ兵にはみつからなかったのです」

きわめて古い地下室も発見されている。最近、ある建物が老人ホームに改築されるというので、リュード氏の研究会が中心になって、この家の地下室を調査したところ、ローマ帝国の時代の柱がみつかった。その時代にすでに地下室があったのだ。

ストラスブールは、西ヨーロッパのほぼ中心に位置するうえに、ライン川の水利にめぐまれ、南北・東西をむすぶ交易の十字路として栄えた。もともとは神聖ローマ帝国に属していたが、十三世紀、司教の支配から解放されて自由都市になった。商工業者の同業組合によって自治がおこなわれた都市である。

旧市街のセンターに、くつ屋通り《コルドニエ》、魚市場通り《マルシェ・オ・ポワソン》、大工通り《シャルパンティエ》といった職人や市場の名称をもつ通りが目立つのは、このためだ。通りの名は、十七世紀、ストラスブールがフランスに統合されると、フランス語表記になったが、ドイツ支配下では、ドイツ語になった。そんなふうに言語はかわっても、通りの名称そのものはほとんどかわっていない。

「残念ながら、アルザス語は忘れられつつあります。農村にはまだアルザス語を話す人がいますが、ストラスブールでアルザス語を知っている人はごくわずかです。私自身は、フランス語、アルザス語、ドイツ語の三つの言葉を話します」

中世に由来する通りの名称を保存することは、ストラスブール市の強い意志でもあるという。リュード氏自身、市の「通りの名称委員会」のメンバーのひとりだが、委員会の立場は、この点で一致している。

「一八七〇年のプロイセン軍によるストラスブール包囲は、都市住民を直接攻撃の対象とした最初のテロリズムです。それまでの戦争では、標的にされたのは兵営や要塞などの軍事施設でした。けれど、この戦争では、攻撃の的になったのは市民です。そういう意味で、現代の戦争を予示するものだったのかもしれません」

旅が教えてくれたこと

旅の面白さを満喫する方法のひとつは、その土地の人たちのたまり場になっているような飲食店をみつけることである。そんな店にできるだけちょくちょく、しかもできるだけ同じ時間帯に足をはこぶ。そうすると店の人と馴染みになるばかりでなく、常連客とも顔見知りになり、いろいろ話を聞かせてもらえる。

そういう店として、満たさなければならない条件がある。まず、夜遅くなってもいいように、ホテルからあまり遠くないこと、それに、何度も行くのだから、値段が手ごろで味がよいこと。客どうしが和気あいあいとしている店であることも大切だ。そういうところなら、常連たちは、珍しい外国人がくわわるのをたいていは歓迎してくれる。

そんな店が見つかれば、たとえ数日の滞在でも、旅の楽しさが倍増することは請け合いだ。地域住民のたまり場だから、旅先で未知の人と接することに伴う危険も非常に少ない。

こうした旅の楽しみが味わえるのはヨーロッパとはかぎらない。インド・パキスタン・バングラデシュを旅したときも、この方法でずいぶんいろんな人と話ができた。

ストラスブールはどこに行っても観光客ばかりで、土地の人がかようような店になかなかぶつからなかったが、滞在の終わりちかくになって、そんな店にめぐりあうことができた。トルコ人が経営するトルコ料理店である。

トルコ人のたまり場になっていて、客の三分の一がトルコ人、のこりの三分の二はフランス人だという。トルコ人どうしが親しげにしている影響をうけるのか、フランス人の客もわりに気軽に知らない人に声をかける。

経営者のトルコ人夫妻は、もう二十七年もフランスに住んでいるそうだが、フランス語はようやくコミュニケーションが成り立つ程度だ。ところが二十二、三歳の息子さんのほうは、言葉も動作もフランス人とほとんど変わらない。

息子さんが、自分のアイデンティティーについて悩んだ話を聞かせてくれた。彼はフランス生まれのフランス育ち、フランス語とトルコ語のバイリンガルだが、フランス人だという意識もトルコ人だという意識ももてないという。

父親も母親も彼にトルコ人としての自覚をうえつけるために、よくトルコの話をしてくれ、バカンスのたびにトルコに連れてゆかれた。けれど、両親のえがくトルコは昔のトルコで、自分の目でみるトルコはそれとはずいぶん違う。そればかりか、フランス育ちの彼は、トルコの社会に容易に入りこめない。

「トルコ人としてはうけいれられず、かといってフランス人にはなりきれない。そんなことを悩んだことがあったのだけれど、いまは、何人《なにじん》でもない人間として生きるつもりになっている。トルコ人でなくてもフランス人でなくてもいい、世界人になればいいんだ、と思えるようになった」

息子さんが不在のとき、両親のほうと話したが、親には親の悩みがあるようだ。裸一貫でフランスにきて二十七年間はたらきづめにはたらき、レストランをいとなむまでになった。この街のトルコ人のなかでは成功組だが、息子たちの気持ちがつかめない、まるでフランス人のようで、コミュニケーションがうまくゆかないという。

「トルコに帰りたいですか？」

わたしがそう尋ねたら、ちょっと首をかしげて笑った。

ストラスブール最後の夜、こんどはフランス人の常連客と話し込むことになった。注文したマトンの串焼きを待っていたら、眼鏡をかけた長身の男が入ってきてトルコサンドイッチとビールを注文し、こちらを見てにっこり笑った。それから話しはじめた。

つれあいが子どもといっしょに実家に帰っているときは、よくここに夕食をとりにくるという。ふだんとは違うものが食べられるし、値段も安いし、ここにくればいろんな人に会えるからだ。

彼はパリ近郊の出身だが、ストラスブールにはもう二十年住んでいる。アルザス人は最初のとっつきは悪いが、いったん親しくなった人は十年たっても二十年たっても忘れずにいる。アルザスは住めば住むほど好きになってきたが、つれあいはアルザス人で、彼女のほうはアルザスがあまり好きでない。アルザス人はいまは言葉もほとんどフランス語になってしまい、自分たちのアイデンティティーを失っているのではないか。

フランス社会のいちばん大きな問題はなんだと思うかと聞いてみたら、二極化がすすみすぎていることだ、という答えがもどってきた。かたや、安定した職をもっているが多額の税金を払っている人たち、かたや、そういう人たちに養われている職のない人たち。両者のあいだの格差はあまりにも大きく、フランス社会は均衡を失っている。

話していたら、彼の携帯がなった。彼のつれあいからだった。帰りが遅いので心配してかけてきたのだった。

「うん、わかった、すぐ帰るよ。トルコ料理店で日本人の女性と出会って、おしゃべりをしていたんだ」

ルイ・クレットマンという明治日本のお雇い外国人だったひとりの若者が、わたしをストラスブールへの旅にいざなった。それは、旅とは出会いであることをつねにもまして実感させてくれるものとなった。

ルイは、日本に対する興味が動機で来日したのではなく、仕事のために日本に送られたお雇い外国人だった。彼の日本との出会いは、いわば偶然の出来事だったが、彼にとって生涯忘れがたいものとなった。

彼が日本滞在ちゅうに入手したり、使用したものが、写真や美術品のようなものばかりでなく、講義の下書きや、ちょっとした書きつけや、ハエタタキの類いまで、ひとつひとつていねいに保存されていた。そうしたものは、若き日の思い出を彼がどんなに大切にしていたかを物語っている。

埋もれていた日本滞在の記憶を、百二十年後に発掘したのは、孫ピエールであった。それは、彼にとって若き日の祖父との出会だった。この出会いは、八十路の孫の人生に新しい情熱をあたえ、彼をあらたな知の冒険にかりたてた。

「それ以来、わたしは、フルタイムで百パーセント、百二十年前の日本人になったのですよ」、ピエールは笑いながらそう言う。

わたしのストラスブール訪問は、アイデンティティーとは何かをあらためて考えさせられた旅でもあった。民族のアイデンティティーというと、個々人をなかば超越した実体をイメージしがちだが、ほんとうは個々人に固有のものとしてあるのかもしれない。

ルイは、ある意味では、フランス人という意識を人一倍強く持っていたにちがいない。しかし、彼が生涯の伴侶として選んだ女性は、フランス人ではなかった。日本滞在ちゅうは、仕事の同僚以外では、同国人よりも、英米人とのつきあいを好んでいた。彼の手紙には、ナゼ、ワカリマセン、ヤカマシイ、イチバンといった日本語がちりばめられているが、それとともに、しばしば英語の単語が、いかにも楽しげに挿入されている。当時のフランス人としてはめずらしい。

それだけでなく、ルイはドイツ語を非常に大切にしていた。自分の子どもたちに、小さいときからドイツ語を学ばせるために、わざわざドイツ人のメイドを家においていたという。独仏戦争以来、彼はドイツを憎んでいたが、アルザス語と同じ流れをひくドイツ語に対する執着をすてることはなかったのだろう。

これを「引き裂かれたアイデンティティー」という言葉でくくってしまうのは単純化しすぎだ。アイデンティティーとは複雑でニュアンスにとんでいるものなのだ。ルイの滞日記録が埋もれてしまった理由について、当初、わたしは、日本の軍隊がその後ドイツとのきずなを強めていったために、彼にとって日本での生活が過去のものになってしまったのではないか、と考えた。

「そんなことはありません、祖父ルイは生涯の終わりまで日本に対する愛着をもちつづけました」、ピエールはわたしの考えにまったく同意しなかった。

二〇〇一年七月、ピエールから、その意見を裏づける新しい資料が送られてきた。一九一一年、ルイの死の三年前、パリの日仏協会がルイに宛てて書いた手紙のコピーだった。この手紙から、レマン湖の家にかざられていた日本画の由来が判明した。それは、水鳥があそぶ湖水がえがかれた絵で、長さ約二メートル幅四十五センチの細長い絹地が三枚つづきになっていて、一枚ずつ額にはめられ、壁に固定されていた。

ルイは、晩年、このレマン湖の家を建てたとき、サロンをかざる絵をかいてくれる日本画家をさがすために、パリの日仏協会と連絡をとった。この日仏協会からの手紙は、それに対する返事で、そこには、パリに住む日本の芸術家がふたり、画家の町田春之助、それに、木彫家の藤川勇造が紹介されている。

両者とも、のちに名をなした芸術家である。町田春之助は、町田曲江《きょっこう》として知られており、「雲中観音」などの作品をのこした。藤川勇造のほうは、ロダンの助手をつとめた人物で、その名は『広辞苑』にもしるされている。

ルイはおそらく二人と会ったのだろう。町田春之助、藤川勇造の名がしるされた名刺もでてきている。ふたりとも若く、町田は三十二歳、藤川は二十八歳、そしてルイのほうは六十歳をむかえたところだった。

絵をかいたのは町田のほうにちがいない、ピエールはそう言う。その三枚の日本画は、一九一二年七月二十日、レマン湖の家にとどけられ、サロンの壁に固定された。ルイが亡くなったのは、その二年後のことであった。

あとがき

ピエール・クレットマン氏にぜひ会うように……。突然、そう提案された。

そのとき、パリに滞在しており、すすめてくれたのは、あるフランス人中国研究者である。仕事でわたしがマルセイユに行くことになったことが、きっかけだった。ピエールはマルセイユに住んでいるからだ。

ピエールの祖父にあたる人物が、明治の日本に滞在し、その日本コレクションが、つい最近、発見されたのだという。だが、その詳細についても、ピエールがどんな人なのかも、よくわからない。けれど、ピエールと連絡をとるよう力説する彼の口調には、並大抵ではない熱がこめられていた。そんな熱っぽさに引っぱられるようなかたちで、わたしはピエールと会ってみようという気になったのだ。

マルセイユに着いて電話したとき、ピエールが開口いちばん発したせりふが忘れられない。わたしが、手短に自己紹介してから、「少々お時間がありましたら、お話をうかがいたいのですが」と言うと、「日本人に対してなら、時間は、少々どころか、たっぷりありますよ」。

ピエールの家で、祖父ルイ・クレットマンの日本コレクションを見せてもらったとき、その量に、まず圧倒された。とても一日や二日で見きれるものではないのだ。明治の日本を物語る五百三十五枚の写真は、すいすい眺めわたせるようなものではないし、ピエールの手で三さつの冊子に編纂された手紙と日記は、ずっしりと分厚い。田安家の所蔵品だったという四冊の画集、七メートルもある絵巻物、そしてハエタタキの類いまで。

だが、百二十年前に日本に滞在した祖父ルイのコレクションが、なぜ今になって発見されたのか、第一日めはよく掴めなかった。ピエールの話をしっかりテープにおさめ、それをホテルに帰って聞きなおし、疑問点をノートにまとめた。翌日、ふたたび彼の家に行き、こんどはもう少し系統的に話をひきだすことができた。

あとになってからだが、ピエールが手紙で、「たいへんなプロ精神だ」、とわたしのインタビューの仕方をほめてくれた。インタビューした相手から、ほめ言葉をいただくなんてめったにないことなので、少なからず気をよくしたものだった。

こんな状況を想像してほしい。

あなたは、ある日、突然、百二十年前の手紙を読みはじめる。それを書いたのは、若き日の祖父で、しかも、あなたが行ったこともなければ、関心をもったこともない遠い異国からの手紙だ。

あなたは祖父の顔を知らず、祖父がその異国でなにをしていたのかも、まったく知らない。だが、読みはじめたとたん、その手紙は、あなたをとりこにする。その時代と、その国と、そこで暮らした祖父に対する興味が心のなかでふくらんでゆき、活発にうごきだし、そして、ついに、その探究があなたの生活を占拠するのだ。

ピエールにとって、明治の日本に滞在した祖父ルイとの出会いはそうしたものだった。祖父という言葉にはどうしても「老いた」という響きがつきまとうが、ここでの祖父はとびっきり若く、そして、祖父の発見に目をかがやかせている孫のほうはたいへんな高齢なのだ。

それまでの人生において、ピエールは士官・ビジネスマン・政治家と幅ひろい職歴をかさねた。だが、八十歳をすぎて、またまったく別の活動にのりだすという、人生にもうひとつ余白が用意されていようとは、おそらく想像もしていなかったにちがいない。

「それ以来、わたしは、フルタイムで百パーセント、百二十年前の日本人になったのですよ」、出会った最初の日にピエールの口からでた、この言葉がとても印象的だった。

わたしは、ピエールの話をまとめて、ちいさな雑誌記事を書いた。彼とはその後も文通をつづけていたが、仕事としては、それで終わるはずだった。

だが、「祖父ルイのことを、物語ふうに書いてみないか。歴史研究といった観点からではなく、ひとりの人間の物語として」、ふいにピエールがそう提案してきたのだ。

当初、少し躊躇したが、この提案にのってみようという気になったとき、その物語は、祖父ルイの物語であるとともに、孫ピエールによる発見物語でもなければならないと、わたしは心にきめたのだった。

だが、いちばん難しかったのは、ピエールから発見の苦労話を聞きだすことだった。祖父のエピソードならいくらでも話しくれるのだが、自分については何事にも控えめで、どちらかというと寡黙になる。ピエールの秘めた情熱と、この仕事にそそぎこんだ並々ならぬエネルギーを垣間見させてくれたのは、むしろ、なにげなくひょいと彼の口からでた短い言葉だった。

たとえば、あるとき、「ルイの両親や弟も、わたしほど彼の手紙をくり返し読むことはなかったでしょうね」、ピエールはそう言った。その解読に心血をそそいだ人間でなくては言えないせりふである。

こんなこともあった。

「祖父ルイは、身長一九二センチという大男だったんですよ」、これは、ピエールの自慢話のひとつである。たしかに、その時代では、ヨーロッパでも稀な長身だ。だが、わたしには不思議だった。祖父の身長の具体的な数字まで、どうして孫にわかるのだろうか。

「そんなことを、なぜ知っているのですか」。わたしの質問に、ピエールはにっこりした。「種もしかけも、ありませんよ」。そして、ルイの出身校、パリ理工科大学《エコール・ポリテクニーク》の図書館に足をはこび、ルイについて調べたことを打ち明けてくれた。

そんなふうに、まるでジョークのようにピエールの口から飛びだす言葉も、じつは図書館や資料室でのしっかりした調査に裏づけられていることを、じょじょにわたしは知った。祖父の手紙や日記の解読と編集、日本コレクションの整理、それだけでもすでにたいへんな作業だが、それにくわえて、追跡調査という骨のおれる仕事があったのだ。

手紙には、小説やエッセイにはない面白さがあるとすれば、それは特定の人だけに宛てたプライベートなものだからだろう。そこには、おおっぴらには言えない内緒話や打ち明け話があり、喜びや怒りや苦い思いの吐露がある。電話も使えれば、メールやファックスもある現代とはちがって、手紙が、遠く離れた人との唯一の対話の手段だった時代ともなればなおさらだ。

ルイの手紙は、日本滞在記として書かれたものではない。家族や友人・知人たちのこと、自分の昇進や将来のこと、そうした内輪だけの話に交えるかたちで、彼は日本での生活を語っているのである。だが、そこには、それだからこその味わいがあるのだ。

本書の執筆にあたって、幕末から明治にかけて日本に滞在した多数の外国人の手記や著作に目をとおした。こうした本は、日本における外国人の状況を把握し、ルイの書いていることをよりよく理解するのに、大いに役立った。

だが、本書でこころみたのは、ルイの手紙や日記をとおして見えてくる当時の日本の姿をえがくことではない。わたしが表現したかったのは、明治の日本という文化も生活習慣もまったく異なる国に、ほとんど精神的準備もなしに送りこまれたひとりのフランス青年が、驚き、とまどい、反発しながらも、けっこう楽しんで生きたこと、この若き日の祖父を発見した老境の孫が、そこに新しい情熱をみいだしたこと、そして、この祖父と孫の人間ドラマが、百二十年の歳月と東京・ストラスブール・マルセイユにまたがる大きな時空のなかで展開されたことである。

ルイの来日は、彼にとって、いわば偶然の出来事だった。孫ピエールによる、祖父の暮らした日本の発見もまた、偶然がきっかけだった。わたしが、この物語に興味をいだいた理由の一端はここにある。私事で恐縮だが、わたしのフランスとの出会いもまったくの偶然だった。若いころ、理系研究者のタマゴだったわたしは、フランスという国に特別の関心をもったことは一度もなかった。

だが、ひょんなことでパリに滞在することになり、「フランスにやってきた以上、フランス語ぐらい勉強しなきゃ」、といった程度の気持ちで学校にかよいはじめたのだったが、たちまちにして、この未知の言語を学ぶ醍醐味にとりつかれた。もともとは資格を取ろうなどという意図は皆無だったにもかかわらず、面白くてやめられずにつづけるうちに、一つ二つと資格試験にパスし、最後のフランス語教育資格の試験では、なんと学校長賞までいただいてしまった。

それから三十年ほどの月日が流れたが、その間、短い病気の時期は別として、フランス語を一行も読まなかった日はなかったように思う。ほんの偶然が、長いつきあいになった。

だから、ピエールが偶然に発見した祖父の百二十年前の日本に魅了されたことが、理解できるように思えるのだ。二〇〇二年二月、ピエールは八十八歳の誕生日をむかえる。本書が、彼の情熱を少しでも読者に伝えるものになれば、と願うばかりである。

ピエールは、祖父の日本コレクションをパリの日本研究機関（Institut des Hautes Etudes Japonaises）にゆだねることに決めた。その複製は、横浜開港資料館や都立中央図書館などに提供されている。

数度にわたるインタビューに常にこころよく応じてくださり、手紙によるたびたびの質問にていねいに答えてくださったピエール・クレットマン氏、そして、本書の出版に際して力になってくださった新評論の二瓶一郎氏に心から感謝いたします。同社の山田洋氏に広い範囲にわたって具体的な指摘をいただいたことにも、深くお礼もうしあげます。

今回もまた、執筆中に沢山の図書館のお世話になりました。とくにつぎの図書館に感謝します。ストラスブール市立図書館、横浜開港資料館、町田市立中央図書館、都立中央図書館、ストラスブール大学・国立図書館、パリ理工科大学図書館、国立国会図書館。

二〇〇二年一月

辻　由美

参考文献

ルイ・クレットマンとピエール・クレットマンの編著書

Louis Kreitmann, *Deux ans au Japon 1876–1878, tome 1, Carnets de route*, préparé par son petit-fils, Pierre Kreitmann et Masami Uméda, 1995（ルイ・クレットマンの旅日記）

Louis Kreitmann, *Deux ans au Japon 1876–1878, tome 2, Correspondance*, préparé par son petit-fils, Pierre Kreitmann et Masami Uméda, 1996（ルイ・クレットマンが家族にあてた手紙）

Louis Kreitmann, *Deux ans au Japon 1876–1878, tome 2, Extraits des carnets de route et des lettres*, préparé par son petit-fils, Pierre Kreitmann et Masami Uméda, 1996（日記と手紙のうち、日本に関連した個所を抜粋して編集したもの）

Pierre Kreitmann, *Archives de la famille Kreitmann*, 2000（ルイ・クレットマンの日本コレクションのリスト）

Pierre Kreitmann, *Histoire de la famille KP 6*, 1996（クレットマン家の歴史）

Pierre Kreitmann, *Histoire de Novéry*, 1997（日本コレクションを秘蔵していたレマン湖の家の歴史）

屈烈多曼『化学教程』、陸軍士官学校学科部、一八八二（国会図書館所蔵のルイ・クレットマンの著作　請求記号 YDM 300513）

陸軍士官学校編『算学講本』（第一―五編）、内外兵事新聞局、一八七六―一八八〇（国会図書館所蔵のルイ・クレットマンの著作　請求記号　YDM 53323）

ルイ・クレットマンおよびピエール・クレットマンに関してこれまでに発表された著作・新聞雑誌記事・論文など

西堀昭編著『第三集　日仏文化交流写真集　日本の近代化とフランス』1996　駿河台出版社

辻由美「百二十年前の日本を発見したフランス人」『みすず　1997・11』　みすず書房

上杉恵子「徳川の〈スクラップ帳〉仏で見つかる」『毎日新聞（夕刊）』一九九八年三月七日

「明治の長崎、京阪神、横浜…　古写真、フランスから里帰り」『朝日新聞（夕刊）』一九九八年十一月五日

長崎巌「東京国立博物館保管『獻英楼畫叢』について」『MUSEUM　東京国立博物館研究誌　1998・12』
清水智子「在マルセイユ日本関係史料調査報告　ルイ・クレットマン『二年間の日本滞在　一八七六―一八七八』を中心に」『横浜開港資料館　紀要　第17号』一九九九年三月
「企画展フランス士官が見た明治のニッポン　L・クレットマン・コレクションから」『開港のひろば』　横浜開港資料館　二〇〇〇年二月九日
「フランス人が見た明治期の日本紹介」『神奈川新聞』　二〇〇〇年二月十一日
「東京記録写真、日本で初公開」『東京新聞』　二〇〇〇年二月二十三日
早坂元興「青い眼が見たジャポン」『アサヒグラフ』　二〇〇〇年二月二十五日
中武香奈美「フランス士官が見た明治のニッポン　上」『神奈川新聞』　二〇〇〇年二月二十七日
中武香奈美「フランス士官が見た明治のニッポン　下」『神奈川新聞』　二〇〇〇年二月二十九日
「照明灯」『神奈川新聞』　二〇〇〇年三月二十四日
「御雇い外国人5　クレットマン／ウォートルス」『読売新聞　東京版』　二〇〇〇年三月二十五日
「異国で祖父の写真展」『神奈川新聞』　二〇〇〇年四月五日
「120年ぶり時空飛行」『東京新聞』　二〇〇〇年四月十二日
上杉恵子「祖父の愛した日本で写真展」『毎日新聞（夕刊）』　二〇〇〇年四月二十八日
早坂元興「いま甦る明治の記録　L・クレットマンのコレクションから」『鉄道ピクトリアル　4』二〇〇〇年四月
小西純一「いま甦る明治の記録　＜L・クレットマンのコレクションから＞の橋梁写真に寄せて」『鉄道ピクトリアル　5』　二〇〇〇年五月
松本純一「クレットマン発の『デグロン君カバー』出現」『郵趣研究』　二〇〇〇年九月一日
Danielle et Yves Mahuzier, *Le Japon que j'aime*, Solar, 2000
市川慎一「第二次フランス軍事顧問団ルイ・クライトマン（1851–1914）の孫、ピエールさんのこと」『日仏交流第7号』、横浜日仏協会、二〇〇一年七月

幕末から明治にかけて日本に滞在した外国人の手記や著作、および、そうした外国人に関連した著作

C・モンブラン他『モンブランの日本見聞記』、森本英夫編訳、新人物往来社、一九八七

M・デュバール『おはなさんの恋　横浜弁天通り　1875年』、村岡正明訳、一九九一、有隣堂

エドモン・コトー『ボンジュール・ジャポン　青い目の見た文明開化』、幸田礼雅訳、新評論、一九九二

ブスケ『日本見聞記』、野田良之・久野桂一郎訳　みすず書房、一九七七

ハリス『日本滞在記』　上中下　坂田精一訳、岩波書店、一九五三―一九五四（The complete journal of Townsend Harris）

ヒュースケン『日本日記』、青木枝朗訳、岩波書店、一九八九

チェンバレン『日本事物誌』、1、2、高梨健吉訳、平凡社、一九六九

アーネスト・サトウ『日本旅行日記　2』、庄田元男訳、平凡社、一九九二

A・ジーボルト『ジーボルト最後の日本旅行』、斎藤信訳、平凡社、一九八一

トク・ベルツ編『ベルツの日記　第一部　上』、菅沼竜太郎訳、岩波書店、一九五一

Raymond de Dalmas, *Les Japonais, leur pays et leurs mœurs*, 1993, Editions Kimé

Pierre Loti, *Madame Chrysanthème*, 1990, GF Flammarion

フォス美弥子「エッシェルと川口居留地」、『川口居留地　2　1989・12』、川口居留地研究会

松伯『珍事五ケ国横浜はなし』、一八六二

富田仁『横浜ふらんす物語』、白水社、一九九一

横浜市役所編『横浜市史稿　風俗編』、一九三二

高橋邦太郎『お雇い外国人　6　軍事』、鹿島出版会、一九六八

村松貞次郎　『日本の近代化とお雇い外国人』、日立製作所、一九九五

嶋田正ほか編『ザ・ヤトイ　お雇い外国人の総合的研究』、思文閣出版、一九八七

篠原宏『陸軍創設史　フランス軍事顧問団の影』、リブロポート、一九八三

クリスチャン・ポラック「ブリュネの見た幕末日本」、『函館の幕末・維新』、中央公論社、一九八八

陸軍省『外国教師申稟』、明治十一年

明治の新聞・雑誌

『東京日新聞』、『横浜毎日新聞』、『郵便報知新聞』

L'Echo du Japon, *The Japan Gazette*, *The North China Herald*, *The Japan Weekly Mail*

ストラスブールおよびパリ理工科大学について

Le siège de Strasbourg, Le carnet de Louis Kreitmann, *Histoire de la famille Kreitmann, Annexes*（ピエール・クレットマンによって編集されたストラスブール包囲下のルイ・クレットマンの日記）

Hubert Bari, *La Bibliothèque*, La Nuée Bleue, 1998

Jean-Claude Ménégoz, René Kappler, *1870*, *Siège de Strasbourg*, *Le Journal de Miss Jacot*, Le Verger Editeur, 1996

Journal du siège de Strasbourg par Cécile de Dartein, *Annuaire de la Société des Amis du Vieux Strasbourg*, 1984

Philippe Dollinger, *Histoire de L'Alsace*, Edouard Privat, 1970

Jean-Paul Grasser, *Une Histoire de L'Alsace*, Editions Jean-Paul Gisserot, 1998

AD. Seyboth, *Strasbourg Historique et Pittoresque*, L'imprimerie Alsacienne, 1894

Bruno Belhoste, Amy Dahan Dalmedico, Dominique Pestre, Antoine Picon, *La France des deux siècles d'histoire*, Economica, 1995

A.Fourcy, *Histoire de l'Ecole Polytechnique*, Belin, 1987

その他の著作

松本純一『フランス横浜郵便局とその時代』、日本郵趣出版、一九八四

松本純一『横浜にあったフランスの郵便局』、原書房、一九九四

日本風俗史学会編『史料が語る明治の東京１００話』、つくばね舎、一九九六

湯本豪一『図説　明治事物起源事典』、柏書房、一九九六
片野純惠『蘭方女医者事始』、創栄出版、一九九六
吉田常吉『唐人お吉』、中央公論社、一九六六
藤田榮一『漱石と異文化体験』、和泉書店、一九九九
中井義幸『鷗外留学始末』、岩波書店、一九九九
森鷗外「航西日記」、『鷗外全集　第三十五巻』、岩波書店、一九七五
島崎藤村『夜明け前　第一部上』、新潮社、一九五四
迅速測図原図覆刻版編集委員会編『明治前期手書彩色関東実測図』、日本地図センター、一九九一
測量・地図百年史編集委員会編著『測量・地図百年史』、建設省国土地理院、一九七〇
『地図彩式』、陸軍文庫、明治六年
「地図で見る百年前の日本」編集委員会『地図で見る百年前の日本』、小学館、一九九八
遠藤利貞『増修日本数学史』第2版、恒星社厚生閣、一九八一
小倉金之助『数学史研究　第二輯』、岩波書店、一九四八
浅井了意『東海道名所記』、朝倉治彦校注、平凡社、一九七九
山口由美『箱根人の箱根案内』、新潮社、二〇〇〇
平岩米吉『猫の歴史と奇話』、築地書館、一九九二
岩崎爾郎『物価の世相一〇〇年』、読売新聞、一九八二
岸井良衛編『江戸・町づくし稿　上巻』、青蛙房、一九六五
Jean-Paul Aron, *Le Mangeur du XIXe Siècle*, Denoël / Gonthier, 1976（『食べるフランス史　19世紀の貴族と庶民の食卓』、佐藤悦子訳、人文書院、一九八五）
Association des Anciens Membres des Etats-majors de la Compagnie des Messageries Maritimes, *Historique de la Flotte des Messageries Maritimes 1815–1975*, Hérault, 1997
J. Heffer, W. Serman, *Le XIXe Siècle 1815–1914*, Hachette, 1992

著者紹介

辻《つじ》　由美《ゆみ》

作家・翻訳家。東京教育大学理学部修士課程終了後、パリに学ぶ。1996年、『世界の翻訳家たち』（新評論）で日本エッセイスト・クラブ賞受賞。著書に、『図書館であそぼう』（講談社現代新書）、『カルト教団太陽寺院事件』（みすず書房、新潮ＯＨ！文庫）、『翻訳史のプロムナード』（みすず書房）、訳書に、メイエール『中国女性の歴史』（白水社）、ジャコブ『内なる肖像』（みすず書房）、ダルモン『性的不能者裁判』（新評論）他。

若き祖父と老いた孫の物語
―東京・ストラスブール・マルセイユ―　（検印廃止）

2002年３月10日　初版第１刷発行

著　者　辻　由美
発行者　武市一幸

発行所　株式会社　新評論

〒169-0051　東京都新宿区西早稲田3-16-28
電話　03(3202)7391
振替　00160-1-113487

定価はカバーに表示してあります
落丁・乱丁はお取替えします

印刷　新栄堂
製本　協栄製本
装幀　山田英春

ISBN4-7948-0552-7